초등학생을
위한

인공
지능
지식 76

지은이 김영현

호기심으로 반짝거리는 아이들에게 세상의 다양한 지식을 전달하는 현직 교사입니다. 수학과 과학이 어려움의 대상이 아닌 즐거움의 대상임을 알려 주고자 이 책을 썼습니다. 현재 서울 소재 초등학교에서 아이들과 함께 미래를 꿈꾸며 즐거운 시간을 보내고 있으며, 과학 기술과 관련된 이야기를 쉽고 재미있게 풀어 나가려고 늘 고민하고 있습니다.

그린이 최정을

1972년 대구 출생으로 〈보물섬〉 친구찾기 코너 삽화로 데뷔했으며 중앙일보, 주간경향, 리빙센스, 삼성사보, 웅진출판사, 대교출판사 등 여러 업체의 만화, 삽화, 광고 캐리커쳐를 그렸습니다. 현재는 프리랜서 일러스트레이터로 활동 중입니다.

초등학생을 위한 인공지능 지식 76

초판 발행 • 2022년 10월 4일
초판 3쇄 발행 • 2025년 5월 2일

글 • 김영현
그림 • 최정을
발행인 • 이종원
발행처 • (주)도서출판 길벗
출판사 등록일 • 1990년 12월 24일
주소 • 서울시 마포구 월드컵로 10길 56(서교동)
대표 전화 • 02)332-0931 | **팩스** • 02)323-0586
홈페이지 • www.gilbut.co.kr | **이메일** • gilbut@gilbut.co.kr

기획 및 책임편집 • 김윤지(yunjikim@gilbut.co.kr) | **디자인** • 책돼지 | **제작** • 이준호, 손일순, 이진혁
마케팅 • 양정길, 이지민 | **유통혁신** • 진창섭 | **영업관리** • 김명자 | **독자지원** • 윤정아

교정교열 • 김혜영 | **출력·인쇄·제본** • 상지사

▶ 잘못된 책은 구입한 서점에서 바꿔 드립니다.
▶ 이 책은 저작권법에 따라 보호받는 저작물이므로 무단전재와 무단복제를 금합니다. 이 책의 전부 또는 일부를 이용하려면 반드시 사전에 저작권자와 ㈜도서출판 길벗의 서면 동의를 받아야 합니다.

ISBN 979-11-407-0143-8 73500   (길벗 도서번호 080285)

ⓒ 김영현, 2022

정가 16,000원

독자의 1초를 아껴주는 정성 길벗출판사
길벗 IT단행본, IT교육서, 교양&실용서, 경제경영서
길벗스쿨 어린이학습, 어린이어학

초등학생을
위한

인공 지능 지식 76

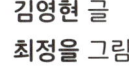
김영현 글
최정을 그림

추천의 글

지금은 인공지능 시대,
인간의 뇌와 컴퓨터가 어떻게 다르고 인공지능이 어떻게 작동하는지
이해한다면 아이들은 미래에 훌륭한 인공지능 전문가로 성장할 것입니다.
이 책은 아이들 눈높이에 맞춘 인공지능 소개서입니다.
많은 아이들이 이 책을 읽고 인공지능에 대해
한층 더 깊은 흥미를 느끼기를 기대합니다.

정재승
뇌과학자, 《과학콘서트》, 《열두 발자국》 저자

인공지능이 모든 분야에서 중요한 역할을 한다는 것을
누구나 막연하게나마 알고 있습니다.
이 책은 인공지능과 관련해 한 번쯤 들어 보았을 만한
용어와 개념을 간결하게 설명해 주어,
아이들이 인공지능을 쉽게 이해할 수 있게 도와줍니다.
현재와 미래를 살아갈 학생들에게 필독서로 추천합니다.

박만구
서울교육대학교 수학교육과 교수

저자의 글

이 책을 선택해 주셔서 감사합니다. 남녀노소 누구나
유쾌하고 편안한 마음으로 우리의 현재와 미래를
만나고 싶다면 이 책을 잘 선택하셨습니다.

여러분은 인공지능이라는 말을 들으면 어떤 생각이 드나요?
인공지능을 이용해 무엇이든 할 수 있을 거라는 막연한
기대감이 드는 사람도, 인공지능 때문에 일자리를 잃을지 모른다는
두려움을 느끼는 사람도 있을 것입니다. 인공지능을 얼마나 잘 아느냐에 따라
저마다 느끼는 감정은 다르겠지만, 인공지능의 진짜 얼굴을 아는 사람은 드문 것 같습니다.
이미 인공지능은 우리 생활에 무척 가까이 다가와 있는데도 말이죠.

저는 현직 교사로서 아이들의 반짝거리는 호기심을 누구보다 가까이에서
보고 있습니다. 아이들은 세상과 기술에 대한 호기심으로 가득하지만,
이러한 호기심을 자신의 미래를 위한 꿈으로 발전시키길 주저합니다.
과학이나 수학 분야를 유독 어려워하기 때문이죠. 그래서 저는
어떻게 하면 아이들에게 이러한 지식을 최대한 쉽고
재미있게 전달할 수 있을지 고민하기 시작했습니다.
이 책은 인공지능 같은 과학기술이 어렵기만 한 것이 아니라,
오히려 흥미진진하고 재미있는 내용으로 가득하다는 사실을
더 많은 아이들에게 알려 주고 싶어서
고민한 끝에 나온 결과물입니다.

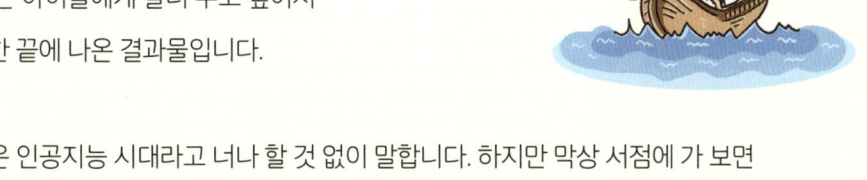

지금은 인공지능 시대라고 너나 할 것 없이 말합니다. 하지만 막상 서점에 가 보면
인공지능을 다룬 책들은 전공 서적이나 딱딱한 학습서가 대부분입니다. 이에 저는

초등학생도 청소년도 부모님도 누구나 즐겁게 읽을 수 있도록
쉽고 친절하게 인공지능을 설명하는 책이 필요하다고 생각했습니다.
이 책에서는 인공지능과 관련된 필수적인 지식을 골라
짤막한 분량으로 그림과 함께 쉽게 설명합니다. 짧은 영상 콘텐츠인
숏폼에 익숙한 우리 아이들 세대는 물론, 인공지능이 낯선 학부모님까지
누구나 즐겁고 유쾌하게 읽을 수 있습니다. 읽고 나면 친구들에게
인공지능을 술술 설명할 수 있을 정도의 지식을 갖추게 될 것입니다.

부디 이 책을 통해 미래에 대한 막연한 기대와 두려움이 조금이나마 해소되면 좋겠습니다.
여러분의 꿈이 꼭 인공지능 개발자가 아니더라도, 지금 이 시대를 살아가는 사람 중
한 명으로서 인공지능에 대한 이해를 기반으로 변화하는 지금과 달라질 미래를
준비하시기를 진심으로 응원합니다.

Thanks To

대학생 시절 과학 대중화의 중요성을 저에게 일깨워 주신 정재승 교수님, 저를 배움과 열정의
길로 이끌어주신 스승 박만구 교수님께 진심으로 감사드립니다. 꼼꼼한 검토와 조언으로 이
책을 함께 만들어 주신 김윤지 차장님께도 감사드립니다. 끝으로 바쁜 딸을 이해하고 응원해
주는 사랑하는 엄마와 아빠, 며느리를 언제나 넓은 마음으로 격려해 주시는 어머님과 아버님,
마지막으로 이 책을 쓰기까지 한결같은 마음으로 응원과 사랑을 아끼지 않은 소중한 배우자
김재형에게 감사의 마음을 표합니다.

김영현

차례

추천의 글   004
저자의 글   005

인공지능 기초

- 001 자연이 만들었어   010
- 002 이런 것도 자연이 만들었어   011
- 003 사람이 만들었어   012
- 004 기계도 사람이 만들었어   014
- 005 똑똑한 기계, 인공지능   016
- 006 인공지능이 궁금해   017
- 007 지능은 무엇일까?   018
- 008 컴퓨터가 생각한다는 것은?   019
- 009 스스로 생각하는 인공지능   021
- 010 난 네가 무엇을 원하는지 알아   022
- 011 내 말을 척척 알아듣는 인공지능 스피커   024
- 012 인공지능은 센서에서 시작해   026
- 013 센서는 인공지능의 눈과 귀야   027
- 014 지금은 몇 도?   029
- 015 레이더 센서 vs 라이다 센서   030

4차 산업 혁명

- 016 새로운 시대가 열린다!   032
- 017 날아라, 드론!   034
- 018 가상 현실의 세계로!   035
- 019 메타버스에서 만나!   036
- 020 편리한 원격 라이프   038
- 021 나는야 자유로운 영혼   040
- 022 기계를 입어 보자   041
- 023 게임은 우리의 본능   042
- 024 땅을 파면 돈이 나온다?   044
- 025 우주로 떠나자!   045
- 026 우리가 연락을 주고받을 수 있는 이유   046

데이터

- 027 데이터의 고향 048
- 028 인류의 발전과 함께한 데이터 050
- 029 빅데이터는 큰 데이터? 052
- 030 앗, 나도 모르는 사이에 내 정보가? 053
- 031 쉿! 내 정보는 비밀이야 054
- 032 빅데이터는 우리를 도와줘 056
- 033 빅데이터는 양면의 날이야 058
- 034 데이터 독재라고 들어 봤니? 060
- 035 데이터는 균형이 중요해 061

컴퓨터 기초

- 036 컴퓨터의 뇌와 심장 062
- 037 어떤 컴퓨터를 살까? 063
- 038 컴퓨터가 아는 건 0과 1뿐 064
- 039 픽셀 화가가 되어 볼까? 065
- 040 데이터의 최소 단위는? 066
- 041 1,024배씩 무럭무럭 커지는 바이트 067
- 042 점과 선으로 말하다 068
- 043 진짜 벌레가 나타났다! 069
- 044 사소하지만 치명적인 오류 070
- 045 삑! 가짜입니다 072
- 046 착한 바이러스, 나쁜 바이러스 073
- 047 보이지 않는 싸움 075

인공지능 심화

- 048 걸음마부터 한 걸음씩 076
- 049 공부만이 살길이다! 077
- 050 인공지능은 뭘 학습하느냐면… 078
- 051 배운다는 것 = 분류하는 것 079

- 052 재미있는 스무고개 놀이　080
- 053 맹수를 분류해 봐!　082
- 054 답을 구하고 싶다면? 나무를 따라가!　085
- 055 가장 빠른 길로 안내해 줘　086
- 056 집에서 학교까지 가는 가장 빠른 길은?　088
- 057 기계도 학습을 한다고?　090
- 058 기계도 선생님께 배워야 해　091
- 059 스스로 규칙을 찾는 기계　093
- 060 칭찬은 기계도 춤추게 한다?　094
- 061 인공지능은 사람의 뇌를 닮았어　095
- 062 딥러닝의 힘　097
- 063 인공지능 시대에 살아남으려면?　099
- 064 인공지능은 모르는 게 더 어려워　100
- 065 사람은 모르는 게 더 쉬워　100

인공지능 윤리

- 066 나를 대체할 인공지능　102
- 067 사라지고 생겨나는 일자리　103
- 068 인공지능 시대에 살아남기　105
- 069 운전기사 없는 버스와 택시는 안전할까?　107
- 070 다음 중 사람이 그린 그림은?　109
- 071 누구를 살려야 할까?　111
- 072 고민하는 인공지능　112
- 073 법을 공부한 인공지능　114
- 074 인공지능도 벌을 받을까?　116
- 075 새로운 세계, 새로운 법　118
- 076 내 꿈은 인공지능 전문가　120

부록 A　인공지능과 함께 놀아 볼까?　122
부록 B　인공지능은 이렇게 발전해 왔어　124

찾아보기　128

001 자연이 만들었어

우리 주변에는 **자연**이 만들어 준 선물이 가득해. 우리가 숨 쉬는 공기, 푸릇푸릇한 새싹, 알록달록한 단풍, 파랗고 예쁜 하늘! 자연이 주는 이런 선물은 사람이 만들 수 없어. 오직 자연만이 가능하지.

세계에서 가장 큰 폭포, 브라질과 아르헨티나 경계에 있는 **이구아수 폭포**

자연이 만든 거대한 협곡, 미국의 **그랜드 캐니언**

지구의 배꼽으로 불리는 호주의 **울루루**

영화 <아바타>의 배경이 된 크로아티아의 **플리트비체 호수**

정말 멋지지 않니? 자연은 참 대단한 것 같아.

지구상의 살아있는 모든 것들은 자연이 만들어 준 선물이야.

❓ 주변을 잘 살펴봐. 자연이 선물한 것에는 또 무엇이 있을까?

002 이런 것도 자연이 만들었어

자연은 정말 위대해. 우리가 상상할 수 없는 것을 만들어 내거든. 신비롭고 놀라운 자연 현상도 많아. 같이 살펴볼까?

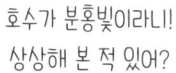
호수가 분홍빛이라니! 상상해 본 적 있어?

힐리어 호수
마치 딸기 우유를 부은 것 같은 이 호수는 호주의 한 섬에 있는 힐리어 호수야. 길이는 약 600미터, 폭은 250미터 정도로 꽤 커. 이 호수의 물은 바닷물보다 10배나 더 짜서 생명체가 거의 살지 못한대. 힐리어 호수가 분홍빛으로 보이는 이유는 이곳에 사는 유일한 생물인 '두날리엘라 살리나'라는 조류가 빛을 받으면 만들어 내는 붉은 색소 때문이야.

모닝글로리 구름
기다란 롤케이크 같은 이 구름의 별명은 '모닝글로리'야. 주로 아침에 볼 수 있어서 이런 별명이 붙었대. 수분 함량이 다른 두 개의 공기 덩어리가 만나서 생긴다고 알려져 있어.

오로라 현상
밤하늘을 다양한 색으로 물들이는 오로라는 태양에서 나온 플라스마 일부가 지구의 대기권과 마찰해서 빛을 내는 현상이야. 주로 지구 북반구에서 볼 수 있지.

오로라를 가장 잘 볼 수 있는 3곳!
1. 아이슬란드 2. 캐나다 옐로나이프 3. 노르웨이 트롬쇠

003 사람이 만들었어

우리 주변에는 사람이 직접 만든 것도 많아. 자동차, 집, 그릇….
이런 것들은 '사람(人)이 만들다(工)'라는 뜻에서
'**인공**(人工)적으로 만들었다'라고 해.

인류의 위대한 발명품 10가지

1 바퀴
바퀴 덕분에 운반할 수 있는 물건의 양과 거리가 늘어났어.

2 도르래
인류의 건축 기술이 발전한 것은 모두 도르래 덕분이야.

3 도자기
음식을 담아 저장하기 위한 최초의 발명품이지.

4 종이
인류의 지식과 정보를 적어 대대로 물려줄 수 있었던 건 모두 종이 덕분이야.

그럼 나도 엄마, 아빠가 만들어 주셨으니까 인공적인가?

그건 아니지.

지금 우리가 읽고 있는 이 책도, 입고 있는 옷도
인공적으로 만든 거야.

나도 사람이 만들었어.
인공적으로 만들어진 로봇이지.

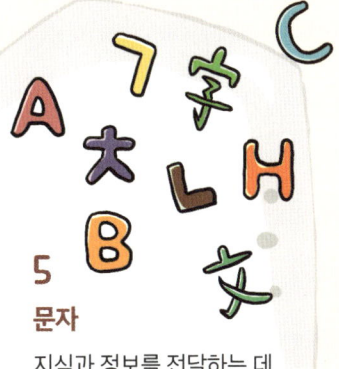

5
문자
지식과 정보를 전달하는 데
이보다 더 좋은
표현 도구는 없을 거야.

6
페니실린
인류 최초의 항생제야.
덕분에 수많은 생명을
살렸어.

7
시계
시계는 인류 역사와
흐름을 함께했다고
할 수 있어.

8
달력
수천 년 동안 인류가
해와 달을 관찰하며 만든
인류 최고의 발명품이지!

9
나사
과연 나사가 없었다면,
우리 주변의 발명품들이
만들어질 수 있었을까?

10
칼
인류가 발명한 최고의
무기이자 도구야.
효율적인 도구이지만,
때로는 인류를 전쟁으로
내몰기도 했지.

 우리 주변에 사람이 만든
것에는 또 무엇이 있을까?

004 기계도 사람이 만들었어

인공적으로 만든 것에는 기계도 있어. **기계**(machine)는 많은 부품으로 구성되어 움직이거나 일하는 장치를 말해. 우리는 수많은 기계에 둘러싸여 살아가고, 이젠 기계 없는 삶은 상상할 수도 없어. 우리 주위를 살펴볼까? 너희들은 얼마나 많은 기계를 사용하니?

사물인터넷(IoT)
인터넷(Internet)을 기반으로 모든 사물(Things)을 연결하여 사람과 사물, 사물과 사물 간에 서로 정보를 주고받는 기술과 서비스야.

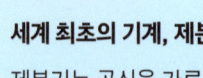

세계 최초의 기계, 제분기
제분기는 곡식을 가루로 만드는 기계야. 옛날에는 곡식을 빻아 가루로 만들 때 주로 맷돌을 이용했어. 1785년, 미국의 기술자인 올리버 에번스는 맷돌의 원리를 이용해 자동으로 움직이는 제분기를 만들었어. 이 제분기는 최초의 기계로 평가받고 있어. 에번스의 자동 제분기는 1800년대에 미국 전 지역으로 널리 퍼지며 미국 산업의 발전을 이끌었지.

기계는 사람이 편리하게 일할 수 있도록 도와줘. 우리가 손빨래를 하지 않아도 되는 건 세탁기 덕분이고, 다양한 음식을 신선하게 보관할 수 있는 건 냉장고 덕분이야. 또, 에어컨 덕분에 우리는 더운 여름에 시원하게 보낼 수 있고, 똑똑한 컴퓨터 덕분에 더 효율적으로 일할 수 있어. 최근에는 건조기, 의류 관리기, 식기 세척기 같은 발전된 기계들이 집안일의 부담을 덜어 주고 있지.

세계 최초의 대량 판매용 기계

세계 최초로 대량 판매된 가정용 기계는 재봉틀이었어. 1860년대에 세계 최대 재봉틀 제조회사였던 미국의 싱어사가 만들었지.

세계 최초의 판매용 에어컨

미국의 엔지니어였던 윌리스 캐리어는 1902년 세계 최초로 에어컨을 발명하고 판매했어.

세계 최초의 전자 컴퓨터

세계 최초의 전자 컴퓨터는 미국의 존 모클리와 프레스퍼 에커트가 1946년에 만든 에니악(ENIAC)이었어. 무게가 무려 30톤, 길이가 25미터나 될 만큼 엄청나게 거대했지.

005 똑똑한 기계, 인공지능

요즘에는 우리 삶을 더욱 편리하게 해 주는 더 똑똑한 기계들이 등장하기 시작했어. 이러한 기계들은 마치 사람처럼 판단하고 작동하지. 이렇게 사람처럼 스스로 생각할 수 있는 기계를 **인공지능 기계**라고 불러.

나는 늘 생각에 빠져 있지.

인공지능은 영어로 Artificial(인공) Intelligence(지능), 줄여서 AI야.

기계가 생각하도록 만든 인공지능 개발자들은 정말 대단한 것 같아!

저도 생각에 빠져 있어요.

인공지능 개발자들은 프로그래밍을 통해 사람들의 생각을 인공적으로 만들어 내는 일을 해.

006 인공지능이 궁금해

인공지능이 뭔지 아니? 인공지능이라는 단어를 들으면 아마 대부분 멋진 로봇을 떠올릴 거야. 하지만 인공지능은 알고 보면 컴퓨터의 뇌에 해당하는 프로그램이야. 실체가 없는 하나의 소프트웨어일 뿐이지.

소프트웨어
컴퓨터를 작동하게 하는 프로그램이야.
형체가 따로 없어.

하드웨어
컴퓨터를 구성하는 기계 장치의 몸체야.

이런 인공지능에 컴퓨터의 몸에 해당하는 기계 몸체를 합치면, 우리가 생각하는 그 인공지능(AI) 로봇이 되는 거야!

인공지능(소프트웨어) + **기계 몸체**(하드웨어) = **인공지능 로봇**

인공지능을 적용한 기계를 그냥 인공지능이라고 부르기도 해. 하지만 정확한 개념을 알아 두는 것이 좋겠지?

007 지능은 무엇일까?

우리는 하루에도 수많은 생각을 하며 지내. 점심으로 무엇을 먹을지, 친구와 놀러 갈지 말지, 숙제를 미룰지 말지…. 여러 고민과 생각을 하면서 하루를 보내지. 우리가 이렇게 생각과 판단을 할 수 있는 이유는 **지능**이 있기 때문이야. 지능이 있으면, 창의적인 일을 할 수 있어. 그림을 그리거나 글을 쓸 수도 있고, 번뜩이는 아이디어로 문제를 해결할 수도 있지.

EQ
정서 및 사회적 감성지수를 의미해.

IQ
지능을 수치화한 대표적인 지능지수야.

지능이란 도대체 무엇일까?

EQ? 창의력? IQ? 문제해결력? 논리력? 이해력?

지능을 정의하기란 쉽지 않아. 학자들마다 의견이 달라서, 지능의 정의는 아직 통일되지 않았다고 해.

공부를 잘한다고 해서 지능이 높은 건 아니라고!

? 너희들은 지능이 뭐라고 생각하니?

008 컴퓨터가 생각한다는 것은?

컴퓨터는 12345678 X 12345678 같은 크고 복잡한 수의 계산도 사람보다 빠른 속도로 할 수 있어. 그러면 컴퓨터는 사람보다 지능이 높은 걸까?
'계산을 잘한다'를 '지능이 높다'로 판단한다면, 계산기나 컴퓨터가 우리보다 훨씬 지능이 높다고 얘기할 수 있겠지.

나는 인공지능일까?

나는 인공지능일까?

나는 인공지능일까?

우리보다 똑똑한 것 같기도 하네.

그런데 우리처럼 생각을 할 수 있는 건 아니니, 헷갈리는걸.

하지만 앞에서 설명한 것처럼 지능은 정의하기가 매우 어려워. 단순하게 특정한 일을 하는 능력으로 평가할 수는 없거든. 따라서 계산 능력이 뛰어나거나, 일 처리가 빠르다고 해서 인공지능이라고 할 수는 없어.

그럼 우리 생활을 편리하게 해 주는 **기계**가 인공지능에 해당하려면 어떤 특별한 능력이 필요할까?

기계(컴퓨터) + ? = 인공지능

스스로 생각하고 판단할 수 있는 능력이 필요해. 우리 사람들에게는 스스로 생각하고 판단하는 능력이 있는 게 당연하지만, 기계는 그렇지 않기 때문에 이런 능력을 인공적으로 만들어 주어야 해.

생각 〔명사〕
1. 사물을 헤아리고 판단하는 작용.
   예) 올바른 생각.
2. 어떤 사람이나 일 따위에 대한 기억.
   예) 고향 생각이 난다.
3. 어떤 일을 하고 싶어 하거나 관심을 가짐. 또는 그런 일.
   예) 우리 수영장 갈 건데 너도 생각이 있으면 같이 가자.

판단 〔명사〕
1. 사물을 인식하여 논리나 기준 등에 따라 판정을 내림.
   예) 상황 판단.
2. 어떤 대상에 대하여 무슨 일인가를 판정하는 인간의 사유 작용.

나는 너희처럼 스스로 생각할 수 있어!

나는 생각한다, 고로 존재한다.
- 프랑스 철학자, 데카르트 -

009 스스로 생각하는 인공지능

스스로 생각하여 결과를 만들어 낼 수 있다는 것은 우리가 컴퓨터에 명령하는 것 이상의 결과를 낼 수 있어야 한다는 뜻이야. 시키는 대로 일을 처리하는 컴퓨터는 인공지능이라고 할 수 없지.

010 난 네가 무엇을 원하는지 알아

우리는 궁금한 것이 있을 때면 구글, 네이버, 다음 같은 **검색 엔진**을 사용해.

이때 검색어를 입력하기도 전에, 마치 내 생각을 읽기라도 한 듯 검색어를 추천해 주는 것을 본 적이 있을 거야. 심지어 내가 검색한 것과 관련된 광고를 띄우기도 해. 이런 것을 **추천 서비스**라고 불러.

사실 검색 엔진은 인공지능을 가장 많이 활용하는 분야이기도 해. 많은 기업들이 인공지능(AI) 기술 개발에 힘을 쏟고 있어. 인공지능을 활용하면 각 사용자의 취향에 맞게 최적화된 정보들을 찾아 줄 수 있기 때문이지.

사용자의 취향을 파악하는 인공지능은 콘텐츠 분야에서도 많이 활용돼. 다양한 콘텐츠를 제공하는 플랫폼들은 인공지능을 활용하여 사용자의 취향을 파악하고, 그에 맞는 콘텐츠를 추천해 줘. 사용자가 자주 클릭하는 영상과 음악을 분석해서 자동으로 추천해 주지.

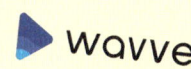

수많은 정보와 콘텐츠가 넘쳐나는 요즘, 나에게 맞는 정보들을 인공지능 덕분에 빠르고 편리하게 얻을 수 있어. 물론 불필요한 정보를 추천받거나 너무 잦은 추천으로 피곤할 때도 있지만 말이야.
추천 알고리즘은 우리를 콘텐츠에서 헤어 나오지 못하게 하기도 해. 실제로 추천 알고리즘 때문에 영상 시청 시간이 60퍼센트나 증가했다는 연구도 있어.

011 내 말을 척척 알아듣는 인공지능 스피커

주변에서 흔히 볼 수 있는 **인공지능 스피커**는 우리 말을 척척 알아들어. 영화 추천, 날씨 안내, 전등을 켜고 끄는 것까지 정말 다양한 일을 말 한마디로 해결할 수 있지. 인공지능이 우리의 말을 열심히 학습하고, 그에 맞는 프로그램을 실행하는 덕분이야.

헤이, 삐리! 너무 덥네. 온도를 20도에 맞춰 줘.

헤이, 삐리! 불 꺼 줘.

헤이, 삐리! 재미있는 코미디 영화 틀어 줘.

자연어
사람이 일상적으로 사용하는 언어야.

컴퓨터에 명령을 내리려면 컴퓨터가 이해할 수 있는 언어인 '프로그래밍 언어'를 사용해야 해. 하지만 자연어 처리 기술을 사용하면 사람이 사용하는 말인 '자연어'를 컴퓨터가 이해하여 명령을 수행할 수 있어. **자연어 처리 기술**은 컴퓨터가 사람의 언어를 이해할 수 있도록 바꿔 주는 기술이야. 인공지능 스피커에서 가장 중요한 기술이지.

잠깐! 스스로 쇼핑한 인공지능 스피커?

미국의 한 남자 아나운서가 인공지능 스피커와 관련한 보도를 하다가 "알렉사(인공지능 스피커를 부르는 말), 인형의 집을 주문해 줘."라고 말했어. 그러자 그 방송을 보던 각 가정의 인공지능 스피커들이 이를 명령으로 받아들여서 동시에 인형의 집을 주문해 버렸다지 뭐야.

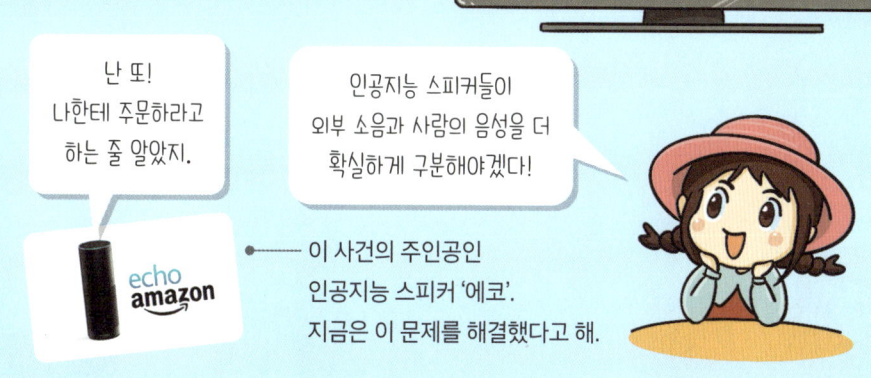

이 사건의 주인공인 인공지능 스피커 '에코'. 지금은 이 문제를 해결했다고 해.

012 인공지능은 센서에서 시작해

스스로 생각하고 판단할 수 있어야 인공지능이라고 했지? 인공지능이 작동하려면 먼저 정보를 받아들일 수 있어야 해. 이때 필요한 것이 바로 **센서**야.

센서는 우리가 생각하고 판단하기 위해 필요한 정보를 받아들이는 감각 기관과 같아. 눈을 통해 세상을 보고 귀를 통해 소리를 듣는 것과 마찬가지이지. 인공지능은 센서를 통해 다양한 정보를 받아들인 후 그 정보를 바탕으로 생각하고 판단해.

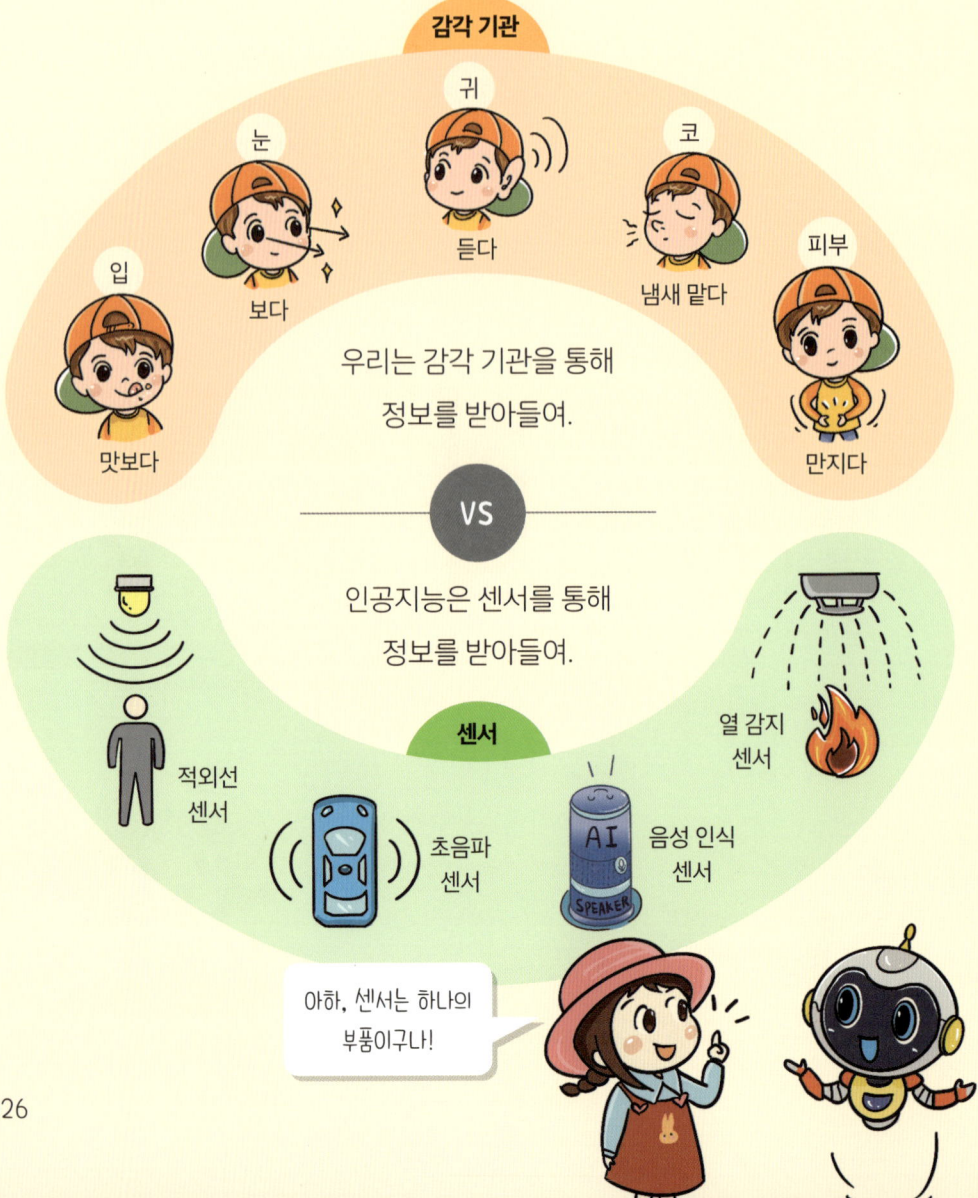

013 센서는 인공지능의 눈과 귀야

이미지 센서는 우리 주변에 있는 다양한 시각 정보를 받아들여. 물체를 인식하는 인공지능에 필수적인 센서라고 할 수 있지. 얼굴 인식 보안 잠금장치, 스마트폰 카메라, 자율 주행 자동차 등에도 사용되고 있어.

이미지 센서는 물체가 반사하는 빛을 전기 신호로 바꾸어 컴퓨터에 전달해.

얼굴을 인식해서 스마트폰의 잠금을 풀어 본 적이 있니?

스마트폰 카메라에 들어 있는 이미지 센서는 카메라가 비추는 대상이 움직이는 방향과 속도, 거리를 예측해서 흔들림을 잡아 주는 역할을 해.

음성 인식 센서는 다양한 소리를 감지하는 센서야. 인공지능이 사람과 상호 작용을 하려면 사람의 말을 인식하는 장치가 꼭 필요해. 인공지능 스피커, 스마트폰, 각종 스마트 가전 기기에는 음성 인식 센서가 들어 있어.

시리
아이폰의 인공지능 비서

빅스비
갤럭시의 인공지능 비서

시리야.

하이, 빅스비.

오케이, 구글.

구글 어시스턴트
구글의 인공지능 비서

014 지금은 몇 도?

온도 센서는 주변의 온도를 감지해서 우리에게 필요한 기능을 제공하지.

사람이나 물체와 직접 접촉해서 온도를 측정하는 온도 센서와 직접 접촉하지 않고도 온도를 측정하는 온도 센서로 나뉘어.

접촉식

비접촉식

몸집이 작을수록 체온이 높네!

온도의 단위는 섭씨(°C), 화씨(°F), 켈빈(K) 이 세 가지를 많이 써!

[적정 체온]
사람 36.5°C
고양이 38.6°C
대형견 38.1°C
소형견 38.9°C

냉각수는 자동차의 엔진을 식히는 역할을 하는데, 이 냉각수의 온도를 측정하는 것이 바로 수온계야. 냉각수 온도가 적정 온도보다 높거나 낮으면 알려 줘.

자동차의 안전을 위해서는 자동차 외부 온도뿐만 아니라, 내부 온도와 엔진의 온도도 중요해. 어때, 온도 센서가 하는 일이 참 많지?

015 레이더 센서 vs 라이다 센서

주변의 물체를 탐지하는 **레이더 센서**와 **라이다 센서**는 주로 장애물을 피해야 하는 로봇 청소기나 자율 주행 자동차에서 무척 중요한 센서야.
이름마저 너무나 비슷한 이 두 센서의 차이는 무엇일까?

레이더 센서

전파를 보내고 받으면서 앞의 물체가 얼마나 가까이 있는지,
어디에 있는지 감지하는 센서야.

레이더 센서는 비행기와 배에서도 쓰이고, 기상 정보를 파악할 때도 쓰여. 자동차를 주차하거나 차 사이의 거리가 가까울 때 "삑삑!" 하고 울리는 경고음을 들어 본 적이 있니? 이것도 레이더 센서가 전파를 통해 주위의 물체를 파악해서 알려 주는 거야.

비바람이 몰아치는 궂은 날씨에도 물체를 잘 인식한다는 장점이 있지.

레이더 센서는 가격도 저렴하고 부피도 작아.

라이다 센서

빛(레이저)을 보내고 받으면서 주변을 탐색하는 센서야.
빛이 나가고 들어오는 시간을 측정해서
물체를 파악해.

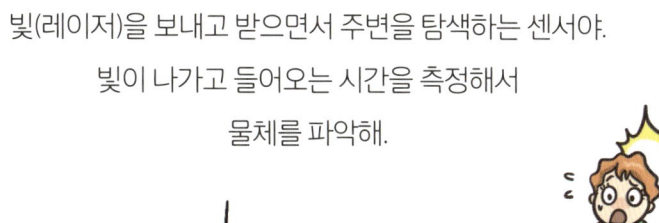

물체의 위치, 방향, 거리 뿐만 아니라 대략적인 형태도 알 수 있어!

라이다 센서는 부피가 커서 뿔처럼 달고 다녀야 한대. 그만큼 정확히 인식한다니 불편해도 감수할 만하겠지?

레이더 센서는 전파를 쏘아 물체의 위치나 방향을 알아내지만, 형태는 알 수 없어. 반면에 라이다 센서는 빛을 쏘기 때문에 대략적인 형태도 파악할 수 있지. 그래서 라이다 센서는 자율 주행 자동차에서 무척 중요한 장치야.

사물을 보는 방법의 차이

사람의 눈	레이더 센서	라이다 센서
태양광 반사	전파	빛 (레이저)

가성비와 디자인이 좋은 레이더 센서냐.

정밀도와 정확성이 좋은 라이다 센서냐.

현재 자율 주행 자동차에서는 둘 다 쓰여. 서로 단점을 보완할 수 있기 때문이지.

016 새로운 시대가 열린다!

우리는 정말 많은 기계에 둘러싸여 살고 있어. 그리고 이 기계들은 점점 똑똑해지고 있지. 인공지능, 사물 인터넷, 로봇 기술, 드론, 자율주행, 가상 현실 같은 놀라운 기술이 발전하는 오늘날의 시대를 **4차 산업 혁명** 시대라고 해.

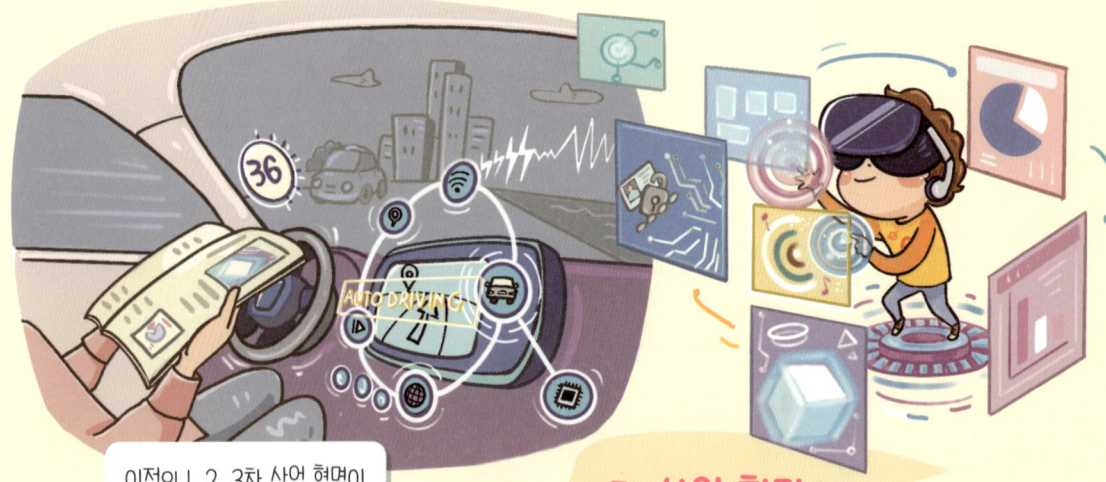

4차 산업 혁명 (현재)

이전의 1, 2, 3차 산업 혁명이 전 세계의 환경을 혁명적으로 바꿔 놓은 것처럼, 앞으로는 4차 산업 혁명이 세계 질서를 새롭게 바꿀 것입니다!

세계 최초로
4차 산업 혁명을 알린
클라우스 슈밥(1938년~)

산업 혁명은 우리가 살고 있는 사회가 급격하게 변하는 현상을 가리켜.

1차 산업 혁명 (1784년)

영국에서 발명된 증기기관에서 시작되었어.
자동으로 움직이는 기계의 본격적인 탄생을 의미하지!

2차 산업 혁명 (1870년)

전기가 발명되면서 시작되었어.
이때부터 가정용 기계, 옷, 자동차같이 우리 생활에 필요한 물건이나 기계들이 대량으로 생산되었지.

3차 산업 혁명 (1969년)

인터넷, 컴퓨터와 함께 시작되었어!

017 날아라, 드론!

드론은 무선으로 조종하는 작은 비행체야.
드론이 하는 일은 무척 다양해.

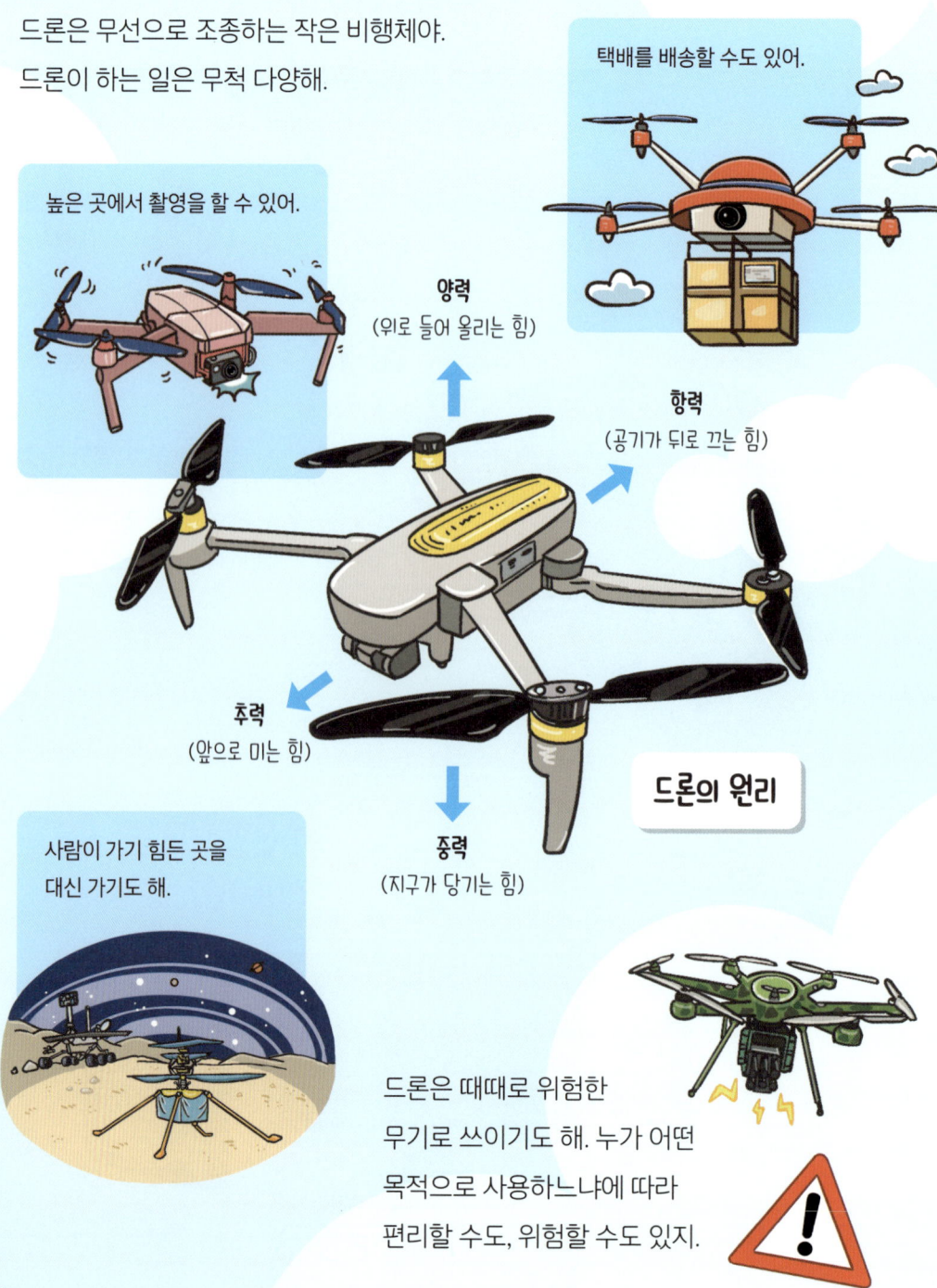

높은 곳에서 촬영을 할 수 있어.

택배를 배송할 수도 있어.

양력
(위로 들어 올리는 힘)

항력
(공기가 뒤로 끄는 힘)

추력
(앞으로 미는 힘)

중력
(지구가 당기는 힘)

드론의 원리

사람이 가기 힘든 곳을 대신 가기도 해.

드론은 때때로 위험한 무기로 쓰이기도 해. 누가 어떤 목적으로 사용하느냐에 따라 편리할 수도, 위험할 수도 있지.

018 가상 현실의 세계로!

우리가 살고 있는 현실과 컴퓨터 세계가 합쳐진다면 어떨 것 같아?
그동안 영화에서나 보던 이런 일들이 요즘 우리 주변에서 자주 일어나고 있어.

가상 현실(VR)

실제로 존재하지는 않지만 실제로 존재하는 것처럼 보여 주는 기술이야.

가상 현실에서는 롤러코스터를 보기만 해도 진짜 롤러코스터를 타는 듯한 느낌을 받을 수 있어.

증강 현실(AR)

현실 세계를 배경으로 가상의 이미지와 정보를 합쳐서 보여 주는 기술이야.

증강 현실 게임으로 인기를 끈 **포켓몬 고**

증강 현실 컬러링 앱 **퀴버**

거울 세계

우리가 살아가는 실제 현실과 똑같이 닮은 가상 세계를 의미해.

지도 앱이나 배달 앱 등에서는 우리에게 필요한 정보를 실제 현실과 함께 나타내 줘.

라이프 로깅

현실에서의 경험과 정보를 가상 세계에 기록하는 것을 의미해.

SNS나 블로그에 내 생활을 공유하고, 운동 결과를 앱으로 기록하는 것 모두가 라이프 로깅이야!

019 메타버스에서 만나!

가상 현실, 증강 현실을 뛰어넘어서 이제 우리는 메타버스에서 친구들을 만날 수 있어.
메타버스(metaverse)는 '가상', '초월'을 뜻하는 **메타**(meta)와 우주를 뜻하는 **유니버스**(universe)를 합친 단어야.

직원들이 재택근무에 익숙해지면서
메타버스에서 일을 하는 회사가 많아지고 있대.

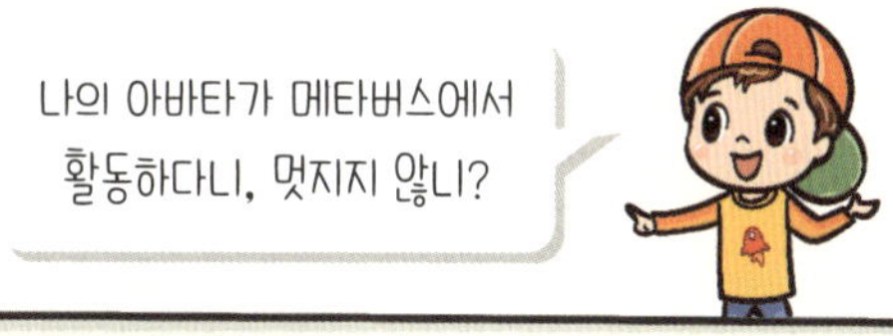

나의 아바타가 메타버스에서
활동하다니, 멋지지 않니?

아바타들이
메타버스에서 일해.

재택근무를 하면 집에서
편하게 일할 수 있어서 좋아.

하지만 일과 삶이 분리되지
않아서, 오히려 더 피곤할
수도 있을 것 같아.

단순한 가상 세계를 넘어선 메타버스에서는
친구를 만날 수도 있고, 회사 동료와 일을
할 수도 있고, 생일 파티를 열 수도 있어.
즉, 가상 세계에서 현실 세계의 사회적 활동을
할 수 있다는 이야기이지!

 메타버스가 일상이 되면 학교나 회사에 갈
필요가 있을까? 너희들은 어떻게 생각해?

020 편리한 원격 라이프

요즘엔 사람들을 직접 만나지 않고, 멀리 떨어져 있어도 많은 것을 할 수 있어. 이것이 바로 **원격 라이프** 아니겠니! 원격 라이프를 즐기기 위해서는 먼저 인터넷이 있어야 해!

온라인으로도 학교 수업을 들을 수 있어. 원격으로 선생님, 친구들과 만나 열심히 공부하는 거지!

원격 라이프를 위한 필수 준비물

다른 사람들에게 원격으로 내 얼굴을 보여 주려면 웹캠이 필요해.

내 목소리를 전달하고 다른 사람의 소리를 들으려면 마이크가 달린 헤드셋이 필요하지.

원격으로 공부만 하느냐고? 아니! 친구들과 만나서 즐거운 생일 파티를 열 수도 있어.

잠깐! 웹캠이 커피 때문에 발명되었다고?

평소 커피를 좋아하던 영국의 케임브리지 대학교 컴퓨터학과 학생들이 최초로 웹캠을 발명했어. 컴퓨터 연구소에서 조금 떨어진 곳에 커피 주전자가 하나 있었는데, 갓 끓인 커피가 늘 금방 동이 나 버렸대. 그래서 학생들은 커피 주전자를 비추는 카메라를 컴퓨터에 연결했어. 커피가 떨어지면 언제든지 보충하려고 말이야! 이것이 최초의 웹캠이었어.

커피 확인 중!

법원에 가지 않고 원격으로 재판을 할 수도 있어.

의사와 환자가 직접 만나지 않아도 온라인에서 진료하고 처방할 수도 있어. 물론 아직은 법적인 제약이 많지만, 미래에는 익숙한 모습이 될지도 몰라.

잠깐! 이가 파랗게 물들어서 블루투스(Blue tooth)?

블루투스는 가까운 거리에 있는 전자 기기들을 서로 연결해 주는 기술이야. 전선 없이도 핸드폰과 이어폰, 핸드폰과 스피커 등을 연결해서 우리 삶을 편리하게 해 주지. 블루투스라는 이름은 10세기경 스칸디나비아 지역을 통일한 덴마크와 노르웨이의 국왕 해럴드 블루투스의 이름에서 유래했어. 이 국왕은 블루베리를 좋아해서 이가 항상 푸르게 물들어 있었대. 전 세계 사람들이 사용하는 기술에 자기 이름이 쓰일 거라고 국왕은 상상이나 했을까?

021 나는야 자유로운 영혼

들어는 봤니? **디지털 노마드!**
인터넷과 노트북만 가지고 정해진 공간이나 사무실 없이
유목민(nomad, 노마드)처럼 자유롭게 옮겨 다니며 일하는 사람을 뜻해.
인터넷 기술이 발전하면서 이런 사람들이 점점 늘고 있어.

뭐 하면서 사느냐고?

주로 프로그래머나 디자이너, 번역가 등 프리랜서로 일할 수 있는 직업이 많아.
디지털 유목민이 되려면 기본적으로
컴퓨터는 잘 다룰 줄
알아야 하겠지?

꿈

> 난 어디 얽매여 있는 게 싫어.
> 인터넷이 되는 곳이라면 어디라도
> 일하며 여행할 수 있지!

현실

> 와이파이(WiFi)가 왜 안 잡히지?
> 이건 뭐 와이파이를 찾아
> 떠나는 여행이랄까….

022 기계를 입어 보자

기계를 옷처럼 입을 수도 있어.
이런 기계를 **웨어러블 기기**라고 불러.
웨어러블(wearable)은
입을 수 있다는 뜻이야.

스마트 글라스는 일상생활을 카메라로 기록하기도 하고, 증강 현실을 보여 주기도 해.

몸에 붙이는 이 **센서 칩**은 우리가 받는 스트레스를 감지한대.

스마트 워치로는 휴대폰처럼 문자를 보내고, 통화를 할 수 있어. 맥박 같은 신체 정보도 알 수 있지.

스마트 슈즈는 걸음 수를 측정해 줄 뿐만 아니라, 올바른 걷기와 달리기 방법을 제안해 주기도 해.

이 기계의 이름은 **엔젤 슈트**야. 다리가 불편한 사람들에게 희망을 주는 웨어러블 기기지.

023 게임은 우리의 본능

호모 루덴스는 **놀이하는 인간**이라는 뜻으로, 인간의 문화가 놀이에서 시작되었다는 하나의 주장이야.
인류 최초의 게임은 기원전 3500년경 이집트 고대 벽화에 그려진 보드게임인 세네트(Senet)로 알려져 있어.

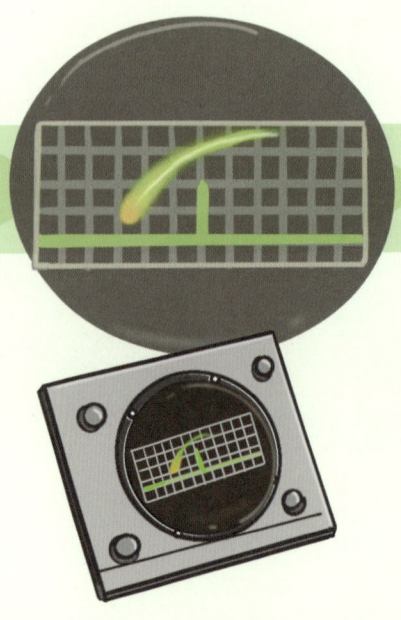

1958년

세계 최초의 전자식 게임은 1958년 미국의 물리학자 윌리엄 히긴보덤이 개발한 테니스 게임 **테니스 포 투**야. 당시 컴퓨터는 원자 폭탄 설계에 쓰이는 무시무시한 기계라는 인식이 있었어. 히긴보덤은 자신의 연구소를 방문하는 손님들의 지루함도 덜고, 기계에 대한 편견을 깨기 위해 이 게임을 만들었다고 해.

1962년

다음은 1962년 미국의 MIT 대학생이었던 스티븐 러셀이 만든 **스페이스 워**야.
이 게임은 우주 전쟁을 테마로 우주선을 맞춰 떨어뜨리는 게임이었어.

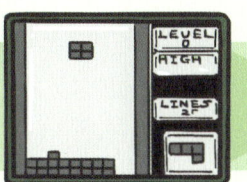
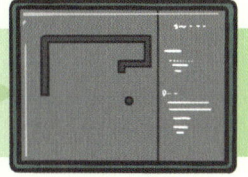

1994년

최초의 모바일 게임은 1994년 독일의 하게누크 휴대폰에 적용된 **테트리스**였어. 너희들도 비슷한 게임을 해 본 적이 있을 거야.

1997년

1997년 최고의 인기를 끈 게임은 일본의 노키아 휴대폰에 적용된 **스네이크**였어. 뱀을 좌우로 움직여 먹이를 잡아먹는 게임이었지.

현재

그 이후로 스마트폰이 개발되면서 우리는 수많은 게임을 앱으로 즐길 수 있게 되었어. 하지만 지나치게 많이 하지 않도록 조심해야겠지?

024 땅을 파면 돈이 나온다?

이 세상에는 지폐나 동전 같은 실물 없이 네트워크에만 존재하는 돈도 있어. 이러한 돈은 눈에 보이지도 않고 손에 잡히지도 않아. 오직 가상 세계에서만 볼 수 있는 이러한 화폐를 **디지털 화폐** 또는 **암호 화폐**, **가상 화폐**라고 해. 가상 화폐는 진짜 땅을 파는 건 아니지만, 채굴이라는 과정을 거쳐서 얻을 수 있어. 여기서 '채굴'이란 엄청나게 어려운 수학 문제를 푸는 것을 말해.

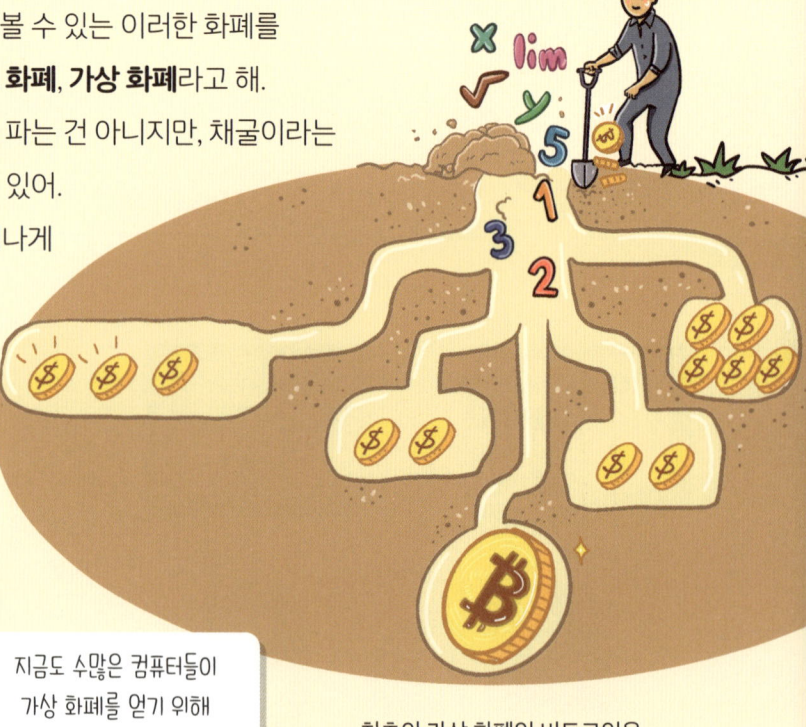

지금도 수많은 컴퓨터들이 가상 화폐를 얻기 위해 열심히 수학 문제를 풀고 있지.

최초의 가상 화폐인 비트코인은 2,100만 개로 개수가 정해져 있고 채굴하기가 무척 어렵대.

가상 화폐는 프로그래머가 만든 돈이다?

2009년 나카모토 사토시라는 가명의 프로그래머가 최초로 암호 화폐를 발행했어.

기존 화폐보다 자유로운 화폐를 만들어 볼까?

2009년 비트코인이 처음 등장했을 때는 0.01달러였대. 지금은 얼마냐고? 그건 부모님께 여쭤봐. 아마 깜짝 놀랄걸!

025 우주로 떠나자!

전 세계 부자들 중에는 우주로 여행을 떠나는 꿈을 가진 사람이 많아. 최근 이 꿈을 현실로 만들어 줄 회사들이 속속 등장하고 있어.

우주 탐사 기업인 **스페이스X**는 세계 최초로 관광객을 태운 민간 우주선 발사에 성공했어.

버진 갤럭틱도 우주 관광 기업이야. 비행기에 우주선을 실어 날랐어.

우주 관광을 위한 왕복 티켓은 5,500만 달러(우리나라 돈으로 약 710억 원)야. 억만장자들은 우주여행을 위해 기꺼이 이 돈을 지불한대.

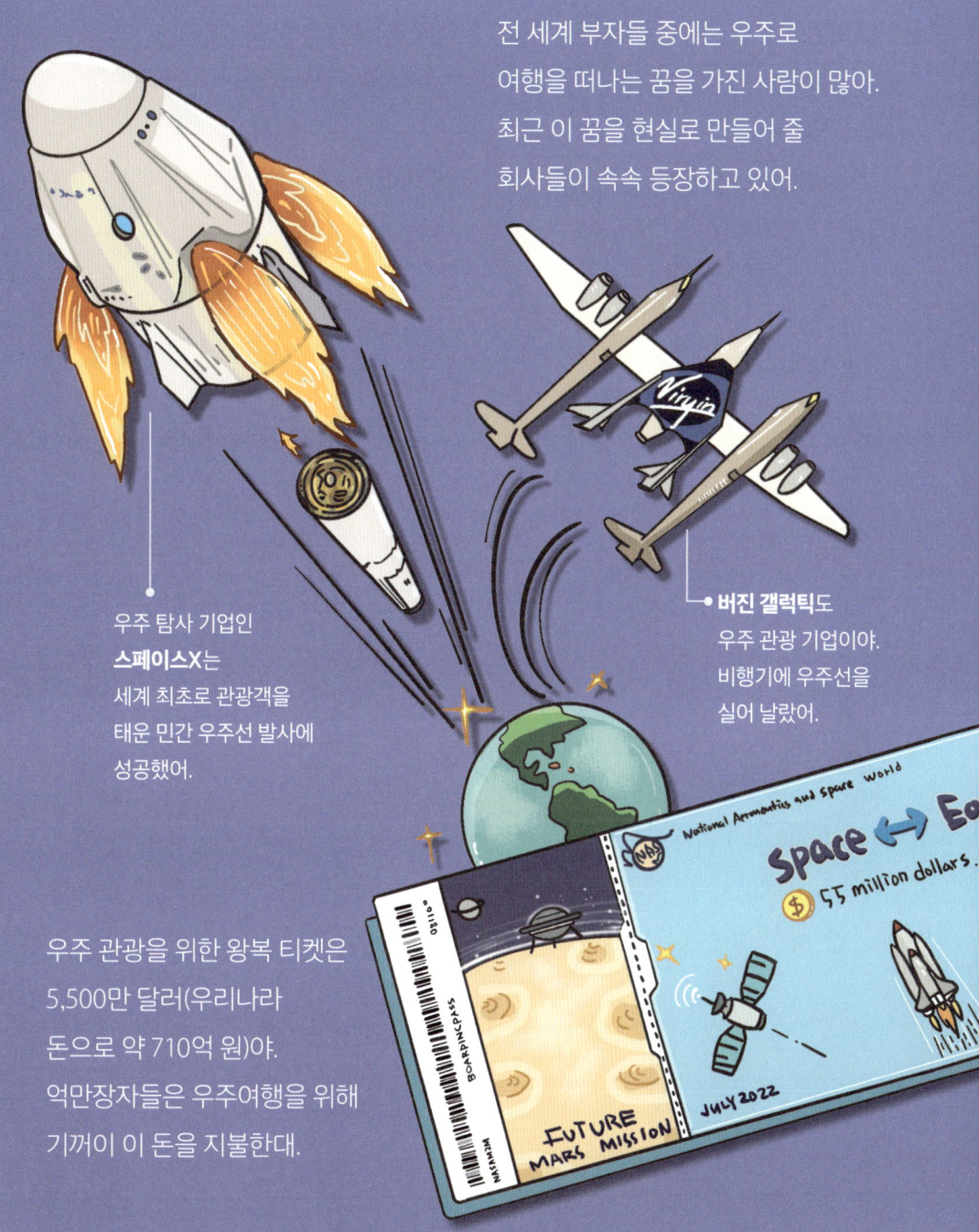

026 우리가 연락을 주고받을 수 있는 이유

네트워크는 서로 떨어져 있는 장치들끼리 정보를 교환할 수 있게 연결한 것을 의미해. 우리가 휴대폰으로 연락하고, 컴퓨터로 파일을 주고받는 건 모두 인터넷 네트워크 덕분이야! 여러 대의 컴퓨터가 통신망을 통해 그물처럼 서로 연결되었다고 해서 네트워크라는 이름이 붙었어.

NET + Work
(그물) (일)

여러 대의 컴퓨터가
통신망을 통해
그물처럼 서로
연결된 것

멀리 떨어져 있어도 네트워크 덕분에 연락을 주고받을 수 있어!

케이블로 연결하기도 하고
(유선)

선 없이 와이파이나 블루투스로 연결하기도 해.
(무선)

이 그림과 같은 장치를 집에서 본 적이 있니?
여러 네트워크를 연결해 주는 장치인 **라우터**라고 해.
라우터로 인터넷상에서 데이터를 보내는 일을
라우팅이라고 하지.

데이터를 어디로 어떻게 보내느냐고?
집에 주소가 있어서 우편물을 받는 것처럼
각 네트워크에도 주소가 있어서
데이터를 받을 수 있어.
이 주소를 **IP**(인터넷 프로토콜)라고 불러.

프로토콜은 통신 시스템끼리 데이터를
주고받는 과정에서 사용하는 약속이야.

데이터 배달 왔습니다!

잠깐! 인터넷을 사용할 수 있는 것은 바닷속 케이블 덕분?

바닷속에는 엄청나게 길고 두꺼운 광케이블이 숨어 있어.
해저 광케이블은 전 세계를 연결하는 중요한 역할을 해.
현재 전 세계 인터넷의 해외 연결망에서 약 90퍼센트를
차지할 정도로 네트워크에서 중요한 역할을 한대.

전 세계 광케이블 지도

광케이블은 무척 튼튼해서
상어의 공격에도 끄떡없어!

케이블의 수리는
다이버들이 맡아서 하지.

047

027 데이터의 고향

친구끼리 주고받는 채팅 텍스트, 사진, 영상 등 정보가 될 수 있는 모든 것은 **데이터**야. 요즘에는 인터넷이 발전하면서 정말 많은 데이터들이 모이고 있어. 전 세계에서 수많은 사람이 SNS를 이용하여 서로 소통하거나, 인터넷으로 쇼핑하는 것 등이 모두 데이터가 되기 때문이지.

데이터가 어디서 와서 어디에 저장되는지 알아볼까?

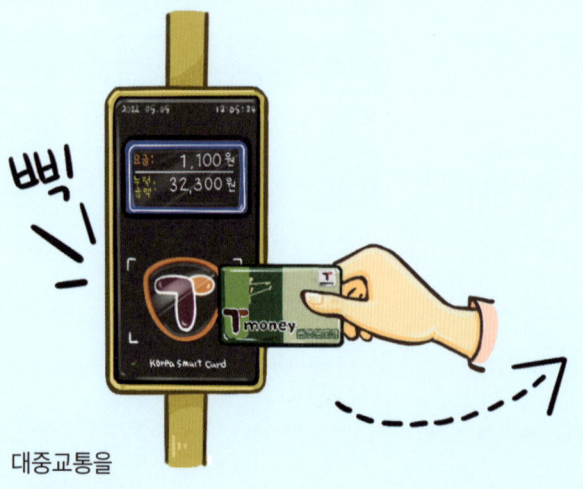

대중교통을 이용하기 위해 **교통카드**를 찍는 순간, 이동 경로가 데이터로 저장돼.

우리가 **인터넷**에서 **검색**하는 모든 것도 데이터로 저장돼.

우리 주변의 **모든 소리**는 음성 데이터로 저장할 수 있어.

식당이나 카페에서 **QR 코드**를 찍는 순간에도 나의 정보가 데이터로 저장돼.

SNS에 올라온 모든 **글**과 **사진**, **영상**은 텍스트, 이미지, 동영상 데이터로 저장돼.

데이터는 인터넷을 통해서 특별한 공간에 저장할 수 있는데, 이 공간을 **클라우드**라고 불러. 언제 어디서든 하늘의 구름을 볼 수 있는 것처럼, 언제 어디서나 필요한 자료를 불러올 수 있어!

*클라우드(cloud)는 구름을 뜻해.

오늘 아침부터 저녁까지 우리가 만들어 낸 데이터에는 어떤 것들이 있을까?

049

028 인류의 발전과 함께한 데이터

데이터는 인류 발전의 원동력이라고 할 만큼 중요한 자원이야.
고대 벽화부터 파피루스, 《조선왕조실록》 등을 보면 우리 인류가 데이터 수집을 얼마나 중요하게 생각했는지 알 수 있어.

인류는 기원전 6000년 전부터 농업에 대한 데이터를 쌓아 수확량을 늘렸어.

조선 시대의 농사 짓는 법을 모두 다룬 《농사직설》.

천문학이 없었더라면 여행도 불가능했을 거야.

15세기에는 천문학 데이터를 바탕으로 대항해 시대가 열렸고, 해외 무역이 시작되었어.

오늘날 《조선왕조실록》을 통해 많은 과학적 사실을 밝혀내기도 한대. 또, 《조선왕조실록》 덕분에 특히 천문학이 크게 발전했다고 해.

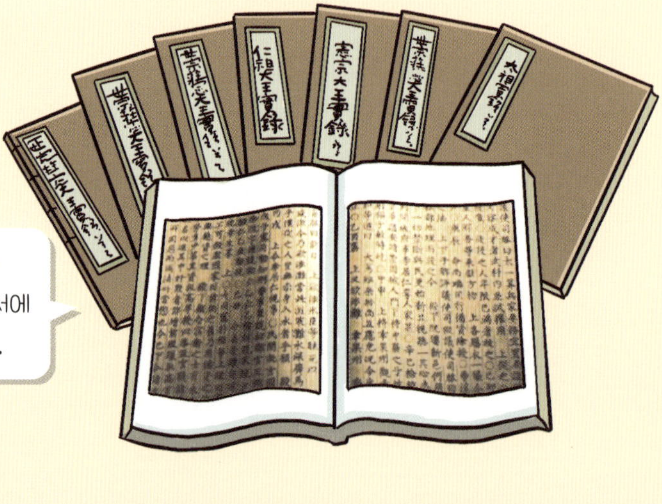

조선 시대 태조부터 철종까지 472년간의 역사를 연, 월, 일 순서에 따라 기록한 《조선왕조실록》.

1850년대에는 데이터를 활용해 콜레라와 오염된 물의 관계를 파악하여 수많은 생명을 구했어.

콜레라를 잡은 영웅, **존 스노**

당시 콜레라의 원인을 찾지 못해 많은 사람들이 생명을 잃었어. 이때 런던의 의사였던 존 스노가 콜레라로 죽은 사람들의 위치를 표시했고, 그 결과 우물 근처에서 죽은 사람이 많다는 것을 알게 되었대. 오염된 물이 콜레라의 원인이었던 거지!

《동의보감》은 오늘날 한의학에 없어서는 안 될 중요한 연구 자료야.

에헴!

조선 시대의 유명한 의원인 허준이 쓴 의학 백과사전, **《동의보감》**.

오늘 내가 그린 이 그림이 2300년도 미래 인류 발전에 필요한 데이터가 될 수도 있어!

위 벽화는 지금까지 발견된 구석기 동굴 벽화 가운데 가장 오래된 거야. 인도네시아에서 발견된 이 벽화는 무려 4만 4000년 전에 그려졌대. 그 옛날에 사람과 동물이 합쳐진 상상 속 동물을 그렸다니, 인류의 상상력이 참 대단하지 않니?

029 빅데이터는 큰 데이터?

오늘날 우리는 데이터에 둘러싸여 있어.
특히 인터넷과 통신망이 급격하게 발전하면서
데이터를 더욱더 빨리, 많이 모을 수 있게 되었지.
빅데이터(Big data)란 다양한 형태를 가진,
말 그대로 **대규모 데이터**를 뜻해.

미래를 알고 싶다면 빅데이터를 관찰하라!

빅데이터 광산에서 보석 같은 데이터를 캐낼 거야! 이것을 **데이터 마이닝**(data mining)이라고 해.

빅데이터는 단순히 많은 데이터를 모았다는 데 의의가 있는 것이 아니야. 많은 양의 데이터를 수집하여 새로운 정보와 가치를 만들어 내는 데 그 엄청난 잠재력이 있어.

031 쉿! 내 정보는 비밀이야

주민등록번호, 계좌번호, 비밀번호는 우리의 소중한 **개인 정보**야. 그래서 다른 사람에게는 꼭 필요하지 않으면 알려 주지 않는 게 좋아. 개인 정보를 지키려면 아무도 알지 못하도록 암호로 만들어야 해. 이렇게 정보를 지키는 것을 **보안**이라고 하지. 보안 기술은 요즘 생긴 게 아니라 아주 먼 옛날부터 발전해 왔어.

스키테일 암호

2500여 년 전 스파르타 왕이 군대에 명령을 전달할 때 사용했던 암호야. 원통 막대에 기다란 양피지 종이를 돌돌 감으면 암호가 나타났지.

옛날에는 주로 전쟁에서 암호를 사용했어.

똑바로 말아야 보이지!

카이사르 암호

2000여 년 전 로마 장군 카이사르에게 암살의 위험을 알리기 위해 가족들이 보냈던 암호야. a는 d로, b는 e로 알파벳을 세 개씩 밀려 쓰는 방법이지.

Be careful for assassinator.
(암살자를 조심하렴.)

헉, 들킨 건가?

 너희 이름을 카이사르 암호로 만들면 어떻게 될까?

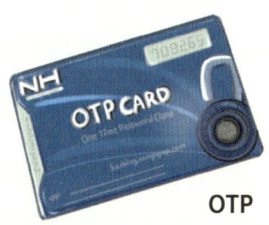
OTP

자물쇠

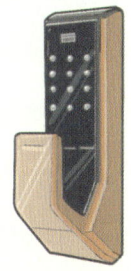
디지털 도어락

주변에서 볼 수 있는 보안 장치

OTP는 One Time Password의 줄임말로, 버튼을 누를 때마다 새롭게 만들어지는 일회용 암호야. 계속 바뀌기 때문에 보안이 강력해서 은행 거래에 많이 쓰여.

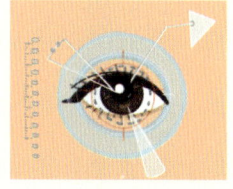
홍채 인식

눈의 홍채로 사람을 인식하는 기술이야. 지문 인식보다 더 정확한 생체 인식 기술이지.

비밀번호

휴대폰 패턴 잠금

미래의 강력한 보안 기술, 양자 암호

컴퓨터 기술의 발전으로 보안 기술 역시 빠른 속도로 발전해 왔어. 특히 요즘에는 양자 암호 기술에 관한 연구가 빠르게 진행 중이래.

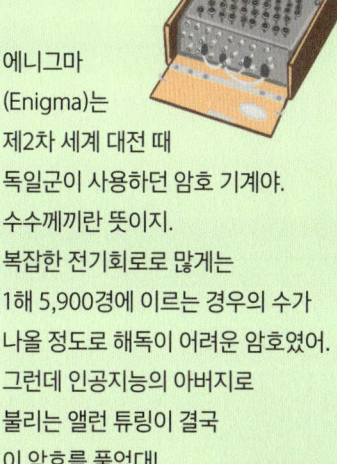

에니그마 (Enigma)는 제2차 세계 대전 때 독일군이 사용하던 암호 기계야. 수수께끼란 뜻이지. 복잡한 전기회로로 많게는 1해 5,900경에 이르는 경우의 수가 나올 정도로 해독이 어려운 암호였어. 그런데 인공지능의 아버지로 불리는 앨런 튜링이 결국 이 암호를 풀었대!

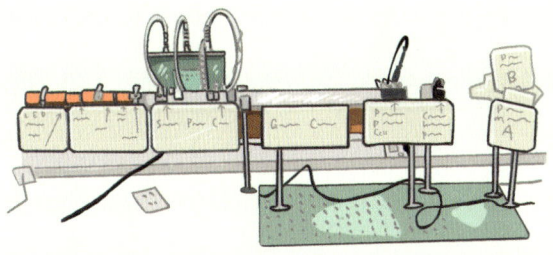
세계 최초의 양자 암호 장치(1989년)

양자는 더 이상 쪼갤 수 없는 아주 작은 단위야. 우리가 아는 0과 1의 비트보다 더 작은 큐비트 단위로 암호를 만들기 때문에 해킹하기란 사실상 불가능에 가까워.

나는야 천재 수학자!

032 빅데이터는 우리를 도와줘

서울시에서는 밤에도 다니는 심야 버스를 효과적으로 만들기 위해서 약 30억 건의 심야 시간 통화 데이터를 분석했어. 밤늦게 집으로 돌아갈 때 통화량이 늘어나는 것을 보고 그만큼 버스가 필요한 사람이 많다는 것을 알 수 있었지. 이렇게 빅데이터는 생활 속 곳곳에서 우리를 도와줘.

> **잠깐!** 코로나19를 가장 먼저 경고한 '블루닷'
>
> 캐나다의 의사인 캄란 칸 박사가 만든 인공지능 **블루닷**은 빅데이터를 이용해서, 전 세계를 공포로 몰아넣은 코로나19가 생겨나 퍼질 것을 그 누구보다도 빨리 예측하고 경고했어.
> 블루닷은 중국으로부터 바이러스가 급격하게 퍼지고 있으니, 여행을 피하라고 홈페이지를 통해 알렸어. 미국의 질병통제예방센터(CDC)나 세계보건기구(WHO)보다 일주일이나 빨랐대!

버스 노선을 어떻게 만들면 될까요?

사람들이 밤에 어디서 많이 통화하는지 알면, 어디에 버스가 많이 필요한지 알 수 있어요.

서울시의 심야 버스
올빼미 버스

033 빅데이터는 양면의 날이야

빅데이터는 양쪽에 날카롭게 날이 선 칼과도 같아. 어떻게 활용하느냐에 따라 결과가 정반대로 나오기도 하거든.

빅데이터는 범죄 예방에 도움이 돼.

프로파일러(Profiler: 범죄 심리 분석관)

범죄 사건의 정황이나 단서가 담긴 데이터를 분석해서 용의자의 성격과 행동 유형, 성별, 연령, 직업, 취향 등을 알아내요. 이를 통해 수사 방향을 설정하고, 용의자의 범위를 좁히는 데 도움을 주지요. 범인이 잡히면 대화를 통해 범죄를 저지른 동기 등을 알아내 분석하기도 해요..

빅데이터 때문에 죄 없는 사람이 처벌받을 수도 있어.

혹시 <마이너리티 리포트>라는 영화를 본 적이 있니? 2002년에 개봉한 스티븐 스필버그 감독의 명작 중 하나야. 이 영화에서는 범죄가 일어나기 전, 범죄를 예측하는 최첨단 치안 시스템을 이용하여 예비 범죄자를 찾아내. 이 최첨단 치안 시스템은 수많은 범죄자들의 데이터를 바탕으로 만들어졌어. 어떤 환경에서 자랐는지, 어떤 성격과 직업을 가졌는지를 기존 범죄자 데이터와 연결 지어 예비 범죄자를 찾아내지. 이 시스템에 따르면 실제로 범죄를 저지르지 않아도 그럴 가능성이 있다는 이유만으로 재판도 없이 감옥에 가야 해.

> 범죄를 저지를 확률이 87퍼센트로군. 미리 처벌을 받도록!

현실에서도 인공지능으로 범죄 빅데이터를 분석해 많은 범죄를 예측한다고 해.

> 아직 아무 죄도 안 지었는데, 미리 벌을 받으라니. 어이없네.

빅데이터 덕분에 우리가 더 안전한 환경에서 더 편리한 삶을 누릴 수 있는 것은 사실이야. 그렇지만 이 빅데이터를 잘못 이용하면 많은 사람이 자유와 행복을 빼앗길 수도 있다는 사실을 명심해야 해.

 만약 나에게 미래에 범죄자가 될 것이니 미리 벌을 받으라고 한다면 기분이 어떨 것 같아?

034 데이터 독재라고 들어 봤니?

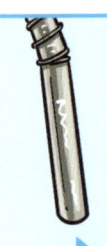

데이터 독재는 중요한 데이터를 공유하지 않고 독점하는 것을 뜻해. 요즘은 데이터를 수집하고 분석하고 활용하는 능력이 곧 경쟁력인 시대야. 중요한 데이터를 가지고 있느냐 그렇지 않느냐에 따라 개인과 기업, 심지어 국가의 권위와 자본이 결정될 수 있기 때문이지!

데이터는 21세기의 석유라는 말도 있을 만큼 없어서는 안 될 자원이야.

세계적인 기업인 아마존은 데이터를 활용해 고객을 모았어. 결과는? 폭발적으로 성장했지. 현재 많은 기업들은 데이터의 중요성을 알고, 데이터를 모으기 위해 열심히 노력하고 있어.

 데이터 독재가 일어나면 어떤 문제점들이 생길까?

21세기에는 데이터 독재를 조심해야 합니다.

나? 유명한 역사학자인 **유발 하라리**라고 해.

035 데이터는 균형이 중요해

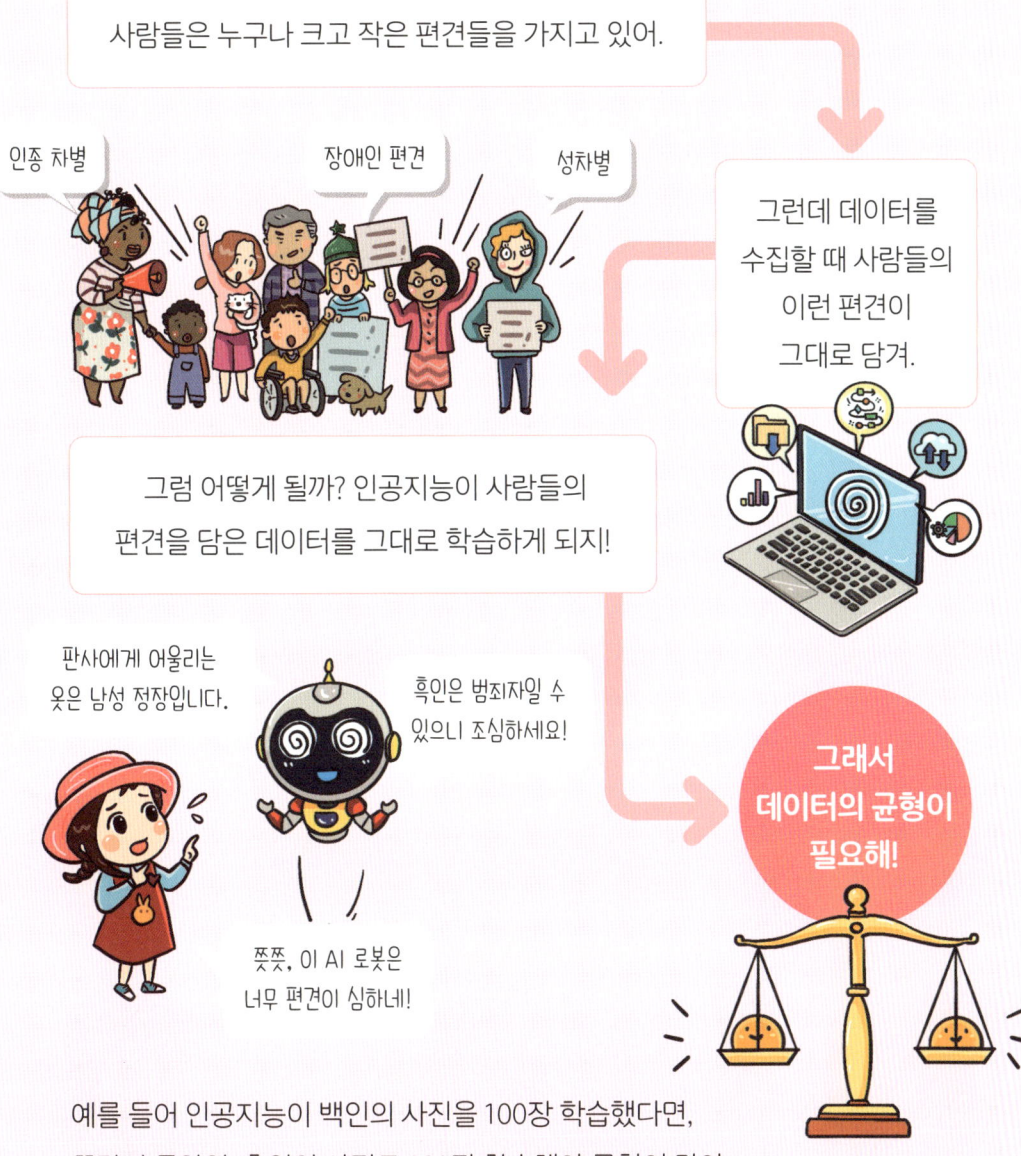

예를 들어 인공지능이 백인의 사진을 100장 학습했다면,
똑같이 동양인, 흑인의 사진도 100장 학습해야 균형이 맞아.
즉, 데이터를 다양하고 균형 있게 수집해서 학습해야 하지.
만약 백인 관련 데이터 위주로 학습한다면 백인 중심의 인공지능이 만들어지겠지?

036 컴퓨터의 뇌와 심장

사람의 뇌와 심장은 생명과 직결되는 중요한 기관이야.
컴퓨터에도 비슷한 기능을 하는 중요한 장치가 있어. 바로 뇌에 해당하는 **중앙처리장치**와 **기억장치**, 심장에 해당하는 **전원 공급 장치**야.

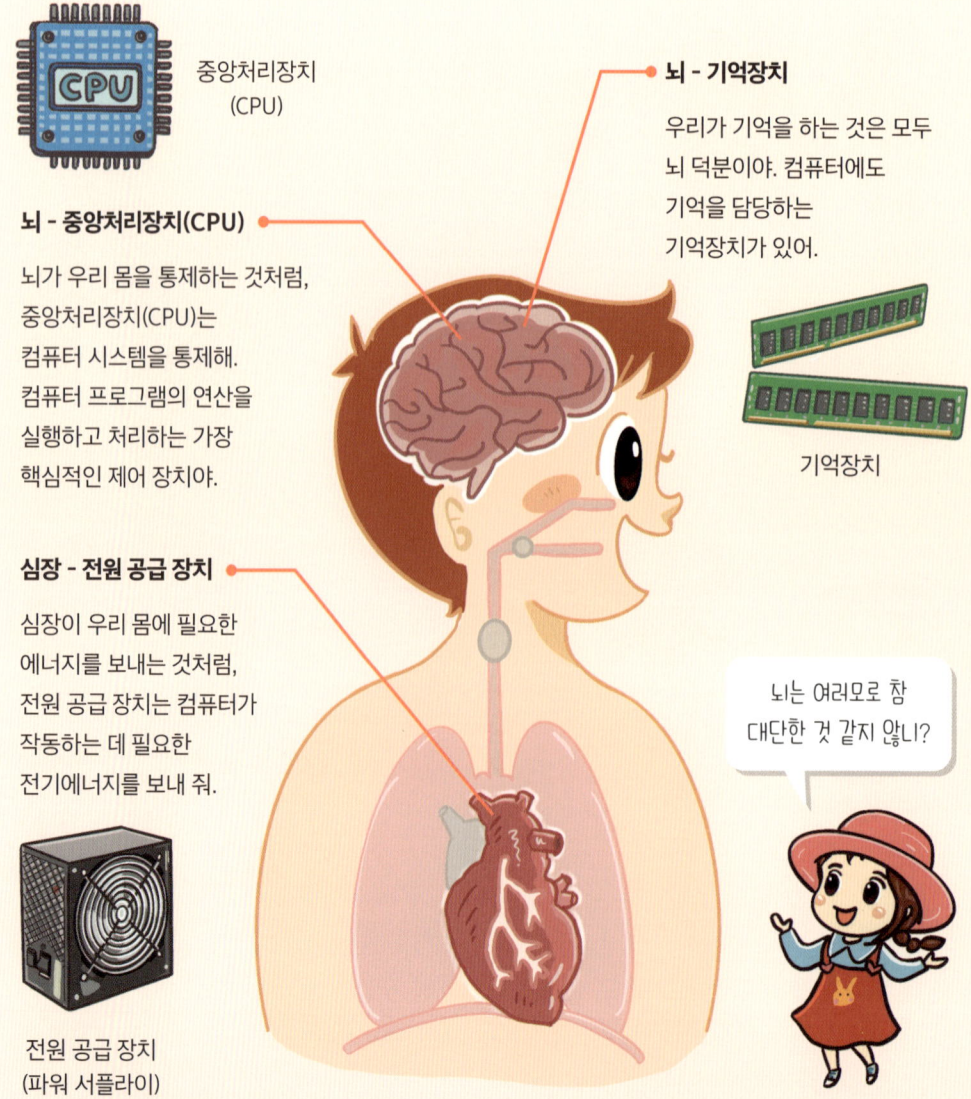

중앙처리장치 (CPU)

뇌 - 기억장치
우리가 기억을 하는 것은 모두 뇌 덕분이야. 컴퓨터에도 기억을 담당하는 기억장치가 있어.

뇌 - 중앙처리장치(CPU)
뇌가 우리 몸을 통제하는 것처럼, 중앙처리장치(CPU)는 컴퓨터 시스템을 통제해. 컴퓨터 프로그램의 연산을 실행하고 처리하는 가장 핵심적인 제어 장치야.

기억장치

심장 - 전원 공급 장치
심장이 우리 몸에 필요한 에너지를 보내는 것처럼, 전원 공급 장치는 컴퓨터가 작동하는 데 필요한 전기에너지를 보내 줘.

뇌는 여러모로 참 대단한 것 같지 않니?

전원 공급 장치 (파워 서플라이)

037 어떤 컴퓨터를 살까?

중앙처리장치(CPU)는 컴퓨터를 통제하는 중요한 부품이야. 중앙처리장치에 얼마나 많은 **코어**가 있느냐에 따라 컴퓨터가 동시에 할 수 있는 일의 양이 달라져. 즉, 컴퓨터의 성능이 달라지지.

인텔 회사에서 출시한 CPU
코어 수: 16개
클럭: 5.20GHz

싱글 코어

멀티 코어

트리플 코어

쿼드 코어

클럭은 중앙처리장치가 연산하는 속도를 나타내는 단위야. 클럭의 수가 클수록 속도가 더 빨라.

[1Hz(헤르츠) = 1초당 1개의 연산
1GHz(기가헤르츠) = 1,000Hz]

컴퓨터를 살 때는 중앙처리장치의 성능을 잘 따져보고 신중하게 골라야 해!

038 컴퓨터가 아는 건 0과 1뿐

컴퓨터는 0과 1만을 이용해 수많은 연산을 해낼 수 있어.
이렇게 0과 1만을 이용한 수 체계를 **이진법**이라고 해.

전기 신호가 들어오면
ON(켜짐) 또는 **TRUE(참)** 상태이고,
컴퓨터는 이것을 1로 인식해.

전기 신호가 없으면
OFF(꺼짐) 또는 **FALSE(거짓)** 상태이고,
컴퓨터는 이것을 0으로 인식해.

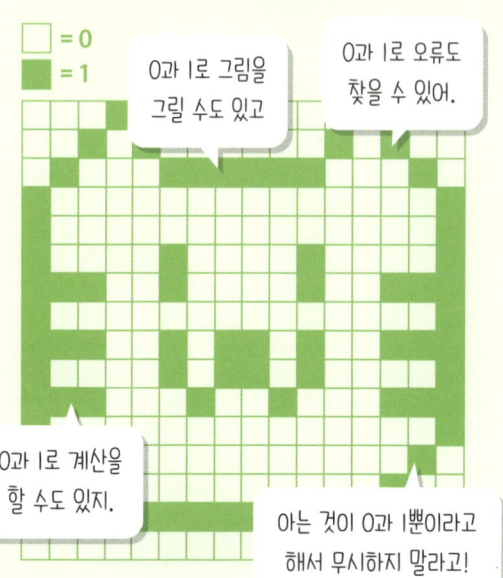

☐ = 0
■ = 1

0과 1로 그림을 그릴 수도 있고

0과 1로 오류도 찾을 수 있어.

0과 1로 계산을 할 수도 있지.

아는 것이 0과 1뿐이라고 해서 무시하지 말라고!

컴퓨터는 왜 굳이 불편하게 이진법을 쓸까?

0과 1로만 구성되어 있어서 오류를 찾아 수정하기 쉽기 때문이지.

내 시스템은 가장 정확하면서도 효율적이야.

039 픽셀 화가가 되어 볼까?

오른쪽 그림은 점을 찍어 그린 그림이야.
이런 그림을 **점묘화**라고 불러.
컴퓨터도 점을 찍듯이 0과 1만으로
그림을 그릴 수 있어.

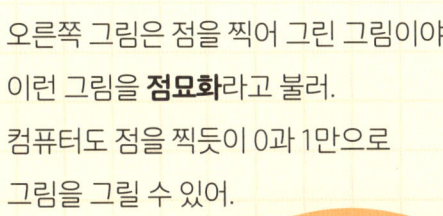

조르주 쇠라의
<그랑드자트섬의 일요일 오후>

픽셀(pixel)

컴퓨터 화면의 사진이나 그림을 확대하면
이런 모습이야. 이 작은 사각형 하나하나는
이미지를 구성하는 기본 단위인데,
픽셀 또는 **화소**라고 해.

040 데이터의 최소 단위는?

컴퓨터는 0과 1로 모든 것을 할 수 있다고 했지? 이때 0과 1을 **비트**라고 해. 컴퓨터에서 가장 가장 작은 단위이지. 비트는 **Binary Digit**, 말 그대로 이진수라는 뜻이야.

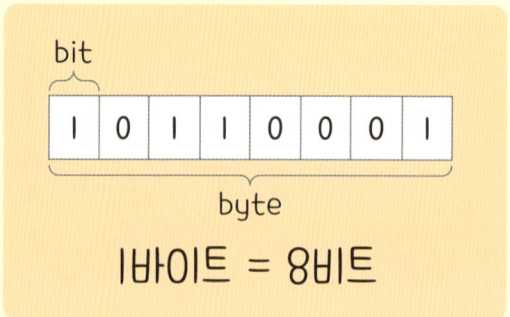

이러한 비트가 8개 모여 1개의 **바이트**를 이뤄. 보통 바이트는 문자의 크기를 나타내는 단위로 쓰여.

A
| 0 | 1 | 0 | 0 | 0 | 0 | 0 | 1 |

보통 영어 문자와 숫자는 1바이트이고

가
| 1 | 1 | 1 | 0 | 1 | 0 | 1 | 0 |
| 1 | 0 | 1 | 1 | 0 | 0 | 0 | 0 |

한글 문자는 2바이트야. ㄱ+ㅏ 처럼 한글은 영어와 달리 낱자를 조합해서 만들거든.

영어와 한글 데이터의 크기가 다르다는데 정말이야?

041 1,024배씩 무럭무럭 커지는 바이트

8개의 비트가 모여 1바이트가 되는 것처럼, 바이트가 모이면 더 큰 단위가 될 수 있어. 오늘날 인터넷 정보 통신 기술의 발달로 매일매일 엄청난 양의 데이터가 쌓이고 있어.

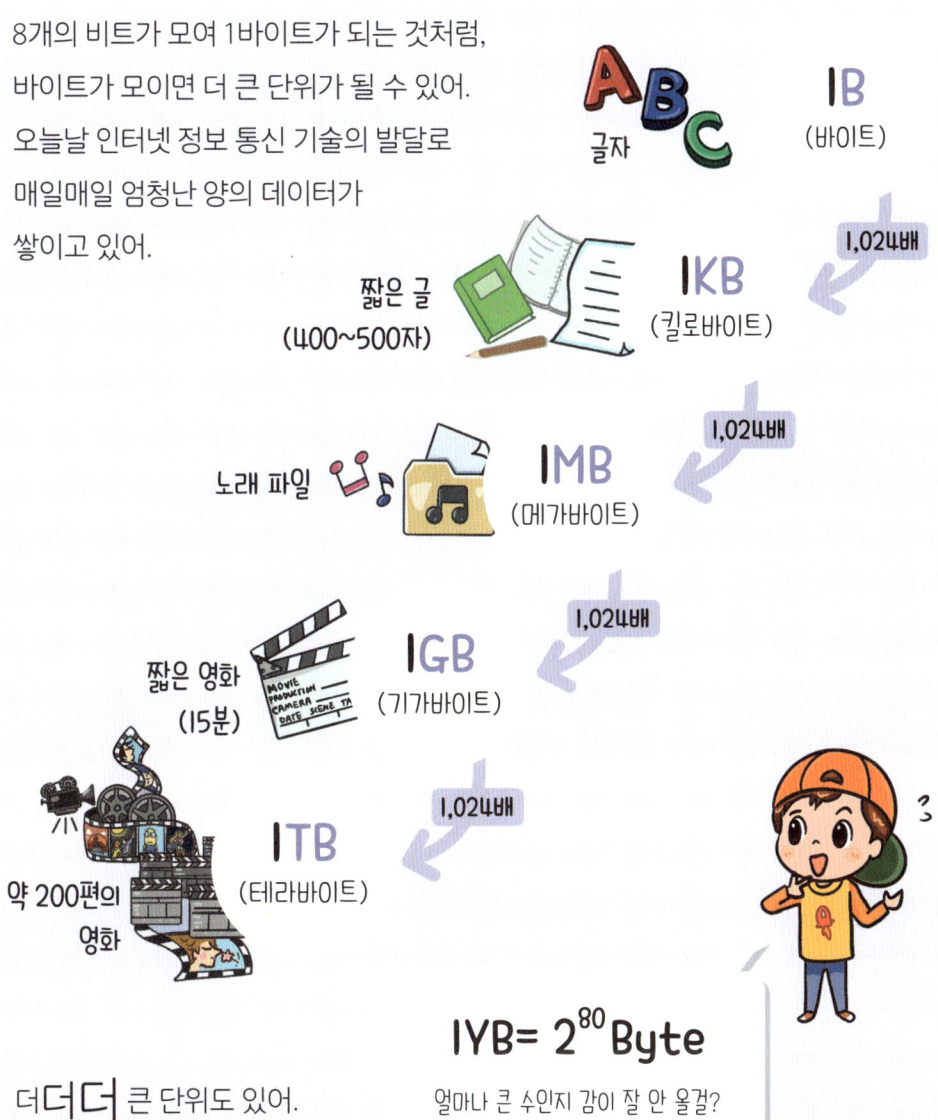

글자 — 1B (바이트)
1,024배
짧은 글 (400~500자) — 1KB (킬로바이트)
1,024배
노래 파일 — 1MB (메가바이트)
1,024배
짧은 영화 (15분) — 1GB (기가바이트)
1,024배
약 200편의 영화 — 1TB (테라바이트)

$1YB = 2^{80} Byte$

얼마나 큰 수인지 감이 잘 안 올걸?

더더더 큰 단위도 있어.

1PB(페타바이트) = 1,024TB
1EB(엑사바이트) = 1,024PB
1ZB(제타바이트) = 1,024EB
1YB(요타바이트) = 1,024ZB

2025년에는 저장장치 용량이 무려 **163제타바이트(ZB)**까지 증가할 거라고 해.

042 점과 선으로 말하다

말 대신 점과 선, 짧고 긴 소리로도 대화를 나눌 수 있어.
이렇게 간단하게 점과 선으로 문자를 나타내는 것을 **모스 부호**라고 해.

구해 주세요!

수많은 사람이 탄 타이타닉호도 빙하에 부딪혀 가라앉을 때 모스 부호로 SOS 신호를 보냈어.

전쟁 포로가 고문당한 사실을 눈짓 모스 부호로 폭로한 사건도 있었어. 덴튼 중령은 미국과 베트남 전쟁 당시 미군 조종사였어. 눈을 깜빡거리는 모스 부호로 '고문'을 표현했지.

눈을 깜빡이는 습관이 있어요.
(= 눈짓 모스 부호를 보내고 있어요.)

T O R T U R E = 고문

한글 모스 부호 표

자음	부호	자음	부호	자음	부호	자음	부호
ㄱ	·—··	ㄴ	··—·	ㄷ	—···	ㄹ	···—
ㅁ	——	ㅂ	·——	ㅅ	——·	ㅇ	—·—
ㅈ	·—·—	ㅊ	—·—·	ㅋ	—·——	ㅌ	———
ㅍ	——	ㅎ	·—··	ㅏ	·	ㅑ	··
ㅓ	—	ㅕ	···	ㅗ	·—	ㅛ	—·
ㅜ	····	ㅠ	·—··	ㅡ	——·	ㅣ	——··
ㅐ	·——·	ㅔ	—·—·				

내 이름을 모스 부호로 나타내면?

043 진짜 벌레가 나타났다!

버그(bug)는 영어로 벌레라는 뜻으로, 컴퓨터 프로그램을 실행하는 중에 나타나는 오류를 뜻해.
디버깅(debugging)은 이러한 오류를 잡는 행동이야.

최초의 컴퓨터 오류가 진짜 벌레 때문이었다고?

1945년 9월 9일, 미국의 컴퓨터 공학자 그레이스 호퍼는 컴퓨터 사이에 나방이 들어가 합선을 일으킨 것을 발견했어. 빗자루로 쓸어내자 컴퓨터는 다시 정상적으로 작동했지. 인류 역사상 최초의 버그이자 디버깅이었던 셈이야.

현대판 버그

현대에도 말 그대로 버그가 발생해서 컴퓨터에 문제가 생기는 경우가 종종 있어.
벌레들이 추위를 피해 따뜻한 컴퓨터 본체 안에 알을 낳기도 하고, 고양이 털이 끼어 들어가서 오류를 일으키기도 한대.

044 사소하지만 치명적인 오류

소프트웨어의 사소한 오류가 큰 파장을 일으키기도 해.
그래서 개발자들은 프로그래밍을 할 때 신중하고 또 신중해야 해.

오타 하나로 인해 폭파된 로켓

1962년, 금성을 탐사하기 위해 미국 최초의 행성 탐사선인 마리너 1호가 발사되었어. 그런데 마리너 1호는 발사 293초 만에 공중에서 폭파되었어. 그 이유는 프로그램을 가동하는 소프트웨어에 오버 바(ˉ) 하나를 빠뜨렸기 때문이었지. 이 사소한 오류 때문에 마리너 1호는 미리 입력된 파괴 명령에 의해 폭파되었고, 잔해는 대서양에 떨어졌어.

버그 덕분에 일찍 나가요

2015년 미국 워싱턴의 한 교도소에서는 죄수들이 각자 갇혀 있어야 하는 기간보다 평균 49일 더 일찍 나오게 되었대. 죄수들을 관리하는 프로그램에 버그가 발생했기 때문이었지.

버그 때문에 일어난 의료 사고

테락25는 의료용 방사선 치료 기계야. 피부 속 종양을 없애 주는 의료 기기였지. 방사선은 양을 잘 조절하면 나쁜 세포들을 없앨 수 있지만, 일정량을 넘으면 매우 위험해. 그래서 방사선 양을 컴퓨터 프로그래밍으로 조절해야 하지. 그런데 어느 미숙한 개발자의 소프트웨어 버그 하나로 적어도 5명 이상 죽었다고 해.

치료 방사선량: 200라드
인간 치사량: 1,000라드
이 기계가 쏜 방사선량: 2만 라드!

```
Binary  : 10000000 00000000 00000000 00001011
Decimal : -2147484837
Date    : 1901-12-13 20:46:08 (UTC)
Date    : 2038-01-19 03:14:18 (UTC)
```

2038년 1월 19일 오전 3시 14분 7초가 넘어가면 1901년 12월 13일 오후 8시 45분 52초로 돌아간다.

많은 개발자들이 2038년이 다가오기 전에 이 문제를 해결하기 위해 노력 중이래.

2038년에 다가올 문제

2038년 1월 19일 오전 3시 14분 7초가 넘어가면 전 세계 프로그램이 1901년 12월 13일 오후 8시 45분 52초로 돌아가는 버그가 생긴대. 프로그램에서 사용하는 시간 체계에 따르면 1970년 1월 1일 자정에서 정확히 21억 4,748만 3,647초가 지난 2038년 1월 19일 오전 3시 14분 7초에 이 문제가 발생할 거라고 해. 그전까지 인류가 이 버그를 해결할 수 있을까?

045 삑! 가짜입니다

옷이나 신발, 마트에서 산 우유 같은 상품의 뒷면에는 막대와 숫자가 조합된 것이 붙어 있어. 이것을 **바코드**라고 하는데, 바코드의 숫자에는 오류를 찾아낼 수 있는 비밀의 숫자가 하나 있어. 바로 **체크 숫자**야.

바코드는 검정색의 얇은 막대, 굵은 막대, 흰색 공백에 상품의 정보를 담은 데이터야.

880은 대한민국의 코드야.

국가 코드 — 8
제조 업체 코드 — 8082
상품 목록 코드 — 44 20 10
체크 숫자 — 3

책 뒤에 있는 바코드를 살펴볼래? 책에 있는 바코드는 ISBN (국제 표준 도서 번호) 이라고 해.

바코드 오류 찾기

1) (짝수 번째 자릿수 모두 더하기) × 3
   $(8 + 8 + 4 + 2 + 1 + 1) \times 3 = 72$

2) 1)의 값과 홀수 번째 자릿수 모두 더하기 (체크 숫자는 제외)
   $72 + 8 + 0 + 2 + 4 + 0 + 0 = 86$

3) 2)에서 구한 값의 일의 자릿수를 10에서 빼기
   $86 \rightarrow 10 - 6 = 4$

4) 3)에서 구한 값과 체크 숫자가 일치하면 올바른 바코드, 그렇지 않으면 오류가 있는 바코드

체크 숫자는 3이므로 올바르지 않은 바코드!

046 착한 바이러스, 나쁜 바이러스

컴퓨터 바이러스는 나쁜 목적으로 활동하는 악성 소프트웨어를 뜻해.
스스로 복제하면서 수많은 컴퓨터에 퍼지기도 하지.
하지만 최초의 컴퓨터 바이러스에는 나쁜 의도가 없었다고 해.

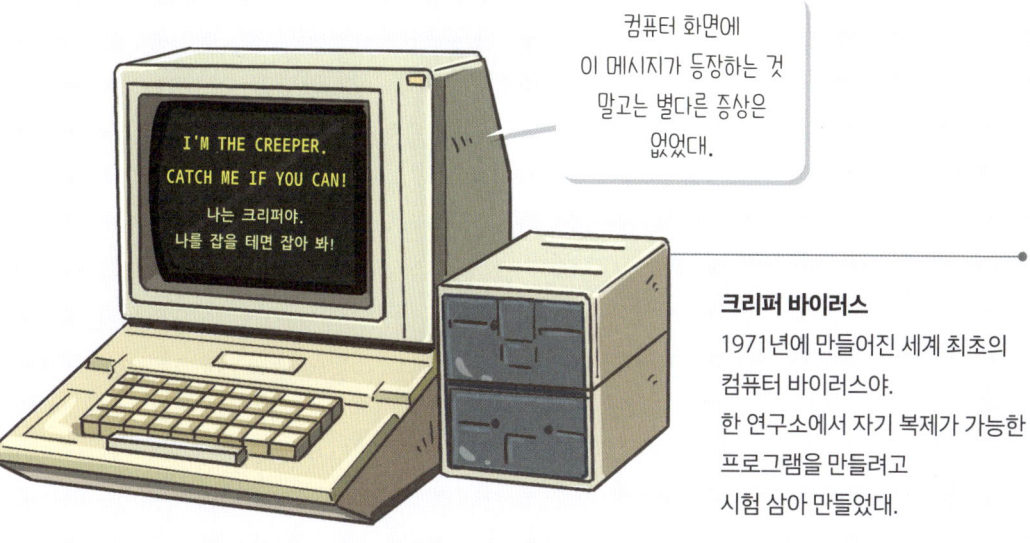

컴퓨터 화면에 이 메시지가 등장하는 것 말고는 별다른 증상은 없었대.

크리퍼 바이러스
1971년에 만들어진 세계 최초의 컴퓨터 바이러스야.
한 연구소에서 자기 복제가 가능한 프로그램을 만들려고 시험 삼아 만들었대.

브레인 바이러스
1987년 불법 복제를 막기 위해 만들어진 바이러스야.
파키스탄의 어떤 형제가 자신들이 만든 소프트웨어가 불법으로 복제되는 것을 막기 위해 만들었다고 해.

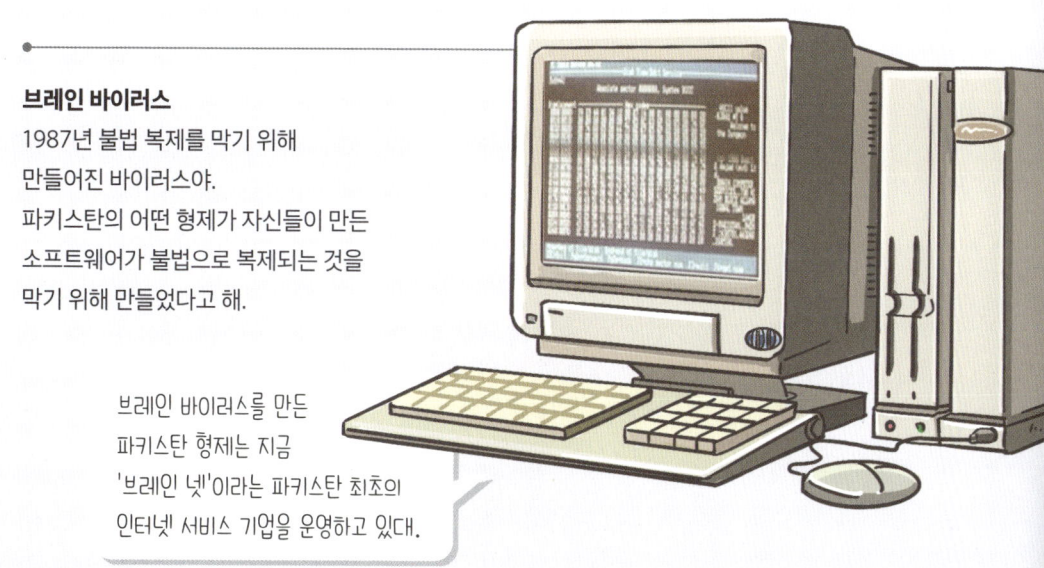

브레인 바이러스를 만든 파키스탄 형제는 지금 '브레인 넷'이라는 파키스탄 최초의 인터넷 서비스 기업을 운영하고 있대.

최근에는 컴퓨터 바이러스 때문에 피해를 입는 경우가 종종 생기고 있어.

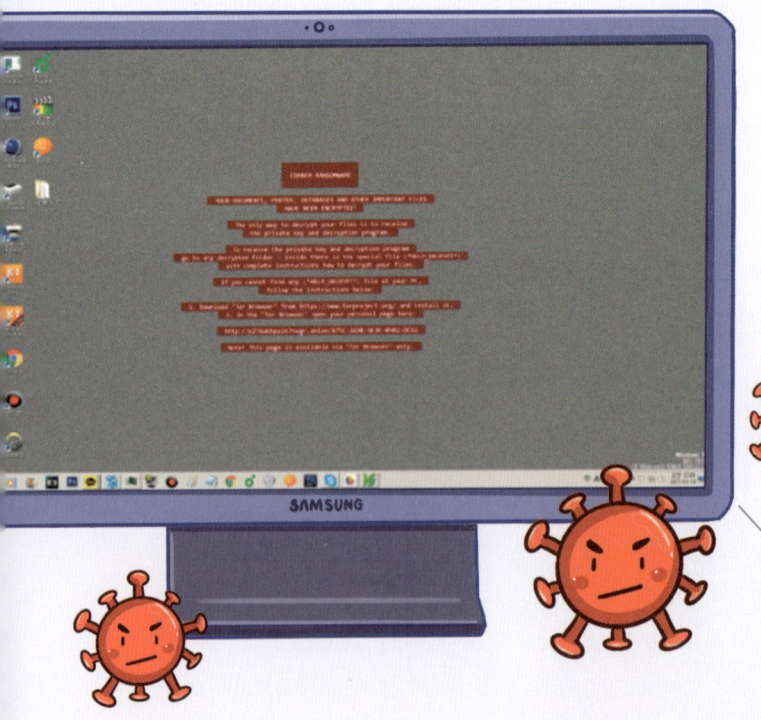

랜섬웨어
사용자의 동의 없이 시스템에 설치되는 무시무시한 바이러스야. 전염력도 강할 뿐 아니라, 사용자의 파일을 못 쓰게 만들겠다고 협박하며 돈을 요구하는 악성 프로그램이지.

'몸값'이라는 뜻의 랜섬(ransom)과 소프트웨어(software)가 합쳐진 말이야.

이런 악성 소프트웨어를 무찌르기 위해 열심히 일하는 소프트웨어도 있어. 컴퓨터 바이러스를 찾아 기능을 멈추거나 없애는 프로그램을 **백신**이라고 해.

너의 소중한 파일들을 돌려받고 싶으면 돈을 내놔!

나는 **백신**! 어림없다!

047 보이지 않는 싸움

블랙 해커
컴퓨터 시스템에
불법으로 침입해서
자료를 몰래 빼내기도 하고,
파괴하기도 해.
나쁜 목적을
지녔어.

화이트 해커
컴퓨터 보안 시스템의
약점을 찾아서
보완할 수 있도록
좋은 목적으로 시스템에
침입해. 블랙 해커의
공격에 대비하기 위해서
일하지.

화이트 해커는
민간 기업이나 국가 기관같이
중요한 정보가 있는 컴퓨터 시스템의
약한 부분을 찾아 보안 기술을 만드는
보안 전문가들인 셈이야.

048 걸음마부터 한 걸음씩

알고리즘은 어떤 문제를 해결하기 위한 절차, 방법, 명령어들을 모아 놓은 거야.

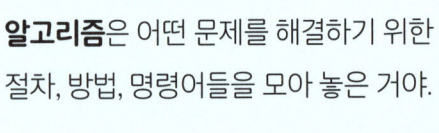

인공지능을 만들려면 알고리즘이 꼭 필요해.

컴퓨터에 알고리즘을 학습시키려면 아기에게 알려 주듯 한 단계, 한 단계 학습시켜야 해. 친절하게, 자세히 알려 줄수록 더욱더 정확하고 똑똑한 프로그램이 될 수 있지.

개발자들이 주로 하는 게 바로 코딩이야!

이렇게 단계를 하나하나 계획해서 작성하는 것을 **코딩**이라고 해.

알고리즘은 수학자 겸 천문학자인 알 콰리즈미의 이름에서 따 온 말이야. 알 콰리즈미는 '대수학의 아버지'로 불릴 만큼 이슬람에서 가장 중요한 수학자로 꼽히지.

049 공부만이 살길이다!

컴퓨터는 사람이 **코딩**한 **알고리즘**대로 행동해.
그런데, 시키는 대로 척척 해낸다고 해서 모든 로봇이
인공지능을 가졌다고 할 수는 없어.
인공지능은 사람처럼 **스스로** 생각할 수 있어야 하기 때문이지.
그럼 어떻게 해야 인공지능이 스스로
생각할 수 있게 될까?

그 비결은 바로 '학습'에서 찾을 수 있어.

우리가 책을 읽으며
새로운 지식을 배우는 것처럼,
인공지능은 많은 데이터를 통해
새로운 지식을 학습해.

050 인공지능은 멀 학습하느냐면…

인공지능이 되려면 많은 양의 데이터를 학습해야 해.
무엇을 학습하는지 함께 알아볼까?

인공지능 스피커
사람의 소리 데이터, 수행할 명령 데이터,
안내할 정보 데이터

자율 주행 자동차
자동차, 사람, 길,
다양한 사물에 대한 데이터,
주행에 필요한 데이터

배울 게
참 많네!

인공지능 의사
의학 데이터,
환자의 검사 결과 및
의사의 진단 결과 데이터

인공지능 번역기
전 세계 사람들이 사용하는
언어 데이터

내가 공부할 건
국어, 영어, 수학,
사회, 과학….
나도 공부할 게 많네.

051 배운다는 것 = 분류하는 것

우리가 무언가를 배울 때 **분류**를 통해 배운다는 것을 알고 있니? 예를 들어 우리가 '바나나'를 안다는 것은, 곧 바나나와 바나나가 아닌 것을 분류할 수 있다는 것과 같아.
인공지능도 **분류**를 통해 학습해.

분류:
성질이나 종류에 따라 나누어 가름
[예시] 동물은 조류, 포유류, 양서류, 파충류로 분류할 수 있다.

그럼 인공지능이 학습할 수 있도록 우리가 도울 일은 무엇일까?
맞아! 공부할 데이터를 숙제로 엄청 많이 내주면 돼. 이런 데이터들을 모아서 **분류하기 훈련**을 시키는 거지.

052 재미있는 스무고개 놀이

알고리즘으로 인공지능에 명령을 내릴 수 있다고 했지?
앞에서 설명한 **분류** 과정을 알고리즘으로 만들면, 인공지능에 좀 더
복잡한 학습을 시킬 수 있어. 이 과정을 가리켜 **분류 알고리즘을 만든다고** 해.
무슨 말인지 어렵다고?
아니, 아마 너희들도 이와 비슷한 것을 해 본 적이 있을 거야.

예일이와 상현이는 질문을 하며
답의 범위를 조금씩 줄여 나갔어. 이것이 바로
분류 알고리즘이야.
결국 둘 다 '강아지'라는 정답에 도달했지만,
예일이가 더 효율적인 알고리즘으로
정답에 도달했어. 상현이보다 더 적게 질문해서
답을 알아냈고,
정답을 맞히는 시간도 짧았기 때문이야.

스무고개는 질문을 하면서 원하는 답의 범위를 줄여 나가는 놀이야. 이러한 질문들의 나열이 바로 **알고리즘**이라고 할 수 있어.

예일이 승리!

컴퓨터 프로그래머도 이와 마찬가지로
늘 효율적인 알고리즘을 찾기 위해
노력하지.

간단하지만 정확한 알고리즘을 찾아야 해!

053 맹수를 분류해 봐!

다음 고양이과의 맹수 4총사 중 표범은 무엇일까요?

보기

퓨마, 치타, 표범, 재규어

맹수 4총사 구별하는 인공지능 만들기

어때, 맹수 4총사를 구별할 수 있겠니?
그렇다면 인공지능이 맹수 4총사를 구별할 수 있게 하려면 어떻게 해야 할까?
인공지능이 퓨마, 치타, 표범, 재규어를 구별할 수 있도록 사진 여러 장과
이들을 분류할 수 있는 기준이 필요하겠지?
이때 기준은 각 동물의 특징이 잘 드러나는 것이어야 해.

기준 1 얼룩무늬가 있는가?

얼룩무늬가 있는지 없는지에 따라 퓨마와 나머지 세 동물로 분류할 수 있어.

예 → 재규어? 치타? 표범?

아니요 → 퓨마

기준 2 얼룩무늬가 도넛 모양인가?

예 — 얼룩무늬 모양에 따라 치타와 나머지 두 동물로 분류할 수 있어.

아니요 — 점무늬 속이 꽉 차 있네!

표범? 재규어?

치타

기준 3 얼룩무늬 안에 점이 있는가?

예 — 얼룩무늬 안에 점이 있는지 없는지에 따라 재규어와 표범으로 분류할 수 있어.

아니요

재규어

표범

퓨마, 치타, 표범 그리고 재규어를 분류하는 기준을 세우고 이에 따라 사진을 분류했어. 이 과정이 바로 인공지능이 맹수 4총사를 학습하는 알고리즘이야!

찾았다, 표범!

054 답을 구하고 싶다면? 나무를 따라가!

나무 모양을 닮았다고 해서 **분류 알고리즘**을 **의사 결정 나무**라고 부르기도 해.

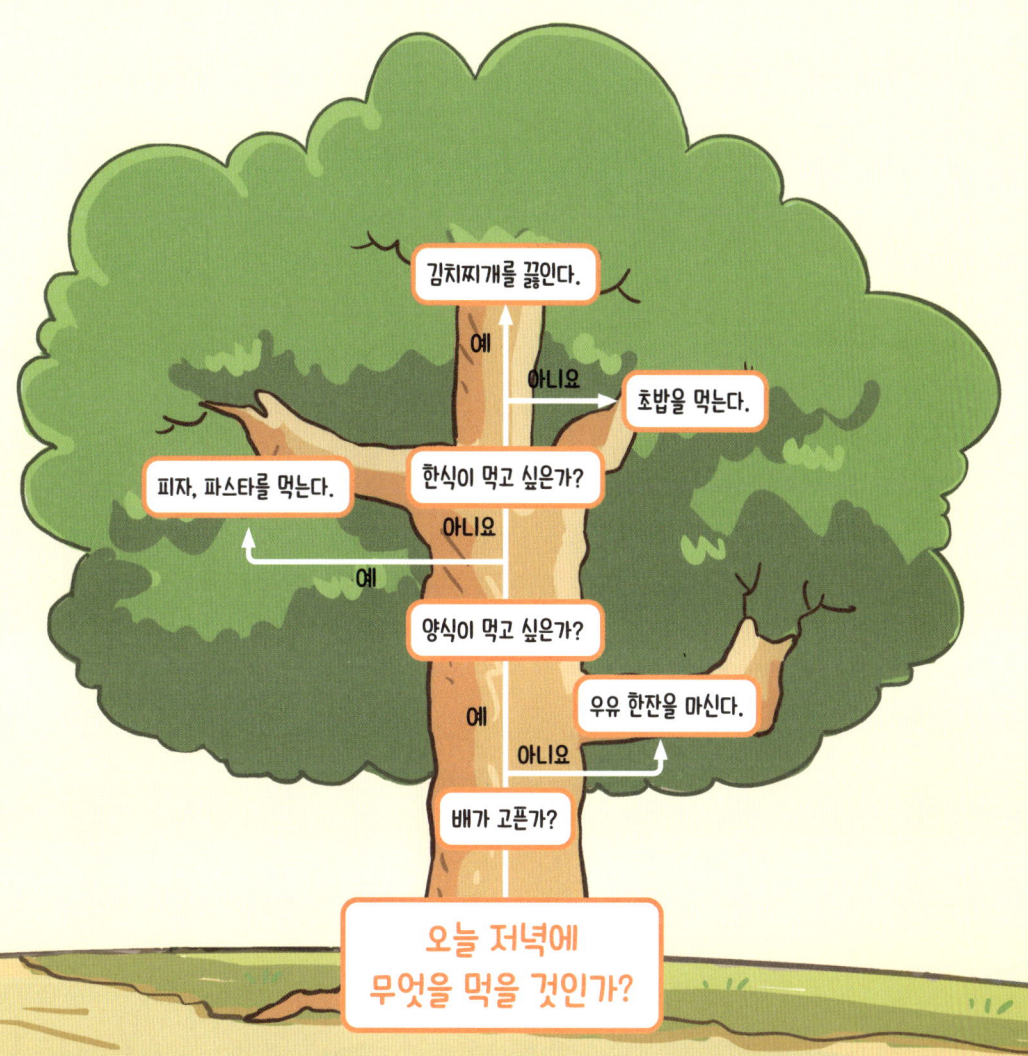

의사 결정 나무는 특정한 질문이나 기준에 따라 주어진 데이터를 분류하는 방법이야. 사람 또는 인공지능이 어떤 결정을 내려야 할 때, 의사 결정 나무를 따라가면 답에 도달할 수 있어.

055 가장 빠른 길로 안내해 줘

내비게이션은 우리가 길을 쉽게 찾을 수 있도록 도와주는 프로그램이야.
가려는 곳을 입력만 하면 컴퓨터가
다양한 길을 안내해 주지!

내비게이션은 어떻게 우리를 목적지까지
효율적으로 안내하는 걸까? 그 비밀은 바로
최단 경로 알고리즘에 있어.

최단 경로 알고리즘은
말 그대로 가장 **짧은 경로**를
찾는 절차야.

여기서 **짧다**는 말에는
거리가 짧은 것뿐만 아니라,
걸리는 시간이나 비용이
가장 적게 드는 것까지
포함돼.

최단 경로 알고리즘을 만드는 데 걸린 시간이 겨우 20분?

네덜란드의 컴퓨터 과학자인 에츠허르 데이크스트라는 약혼자와 데이트를 다녀온 뒤 불현듯 떠오른 알고리즘을 식탁 위에 있던 냅킨에 썼어. 데이크스트라는 불과 20분 만에 알고리즘을 완성했다고 해. 그의 이름을 따서 *데이크스트라(다익스트라) 알고리즘으로 불리는 이 최단 경로 알고리즘은 오늘날 내비게이션의 중요한 원리가 되었어.

*대학교에서 컴퓨터 관련 학과에 가면 이 알고리즘을 배울 거야.

세상에서 가장 복잡한 지하철 노선도 1~3위

1위 미국 뉴욕
2위 프랑스 파리
3위 일본 도쿄

서울은 복잡한 지하철 노선도에서 세계 8위래.

이렇게 복잡한 지하철 노선도에서 어떤 길로 가야 가장 빠른지 알려면 알고리즘이 꼭 필요하겠다.

056 집에서 학교까지 가는 가장 빠른 길은?

아래 그림은 집에서 학교까지 가는 길을 나타낸 거야.
어떤 길로 가야 가장 빨리 학교에 도착할 수 있을까?

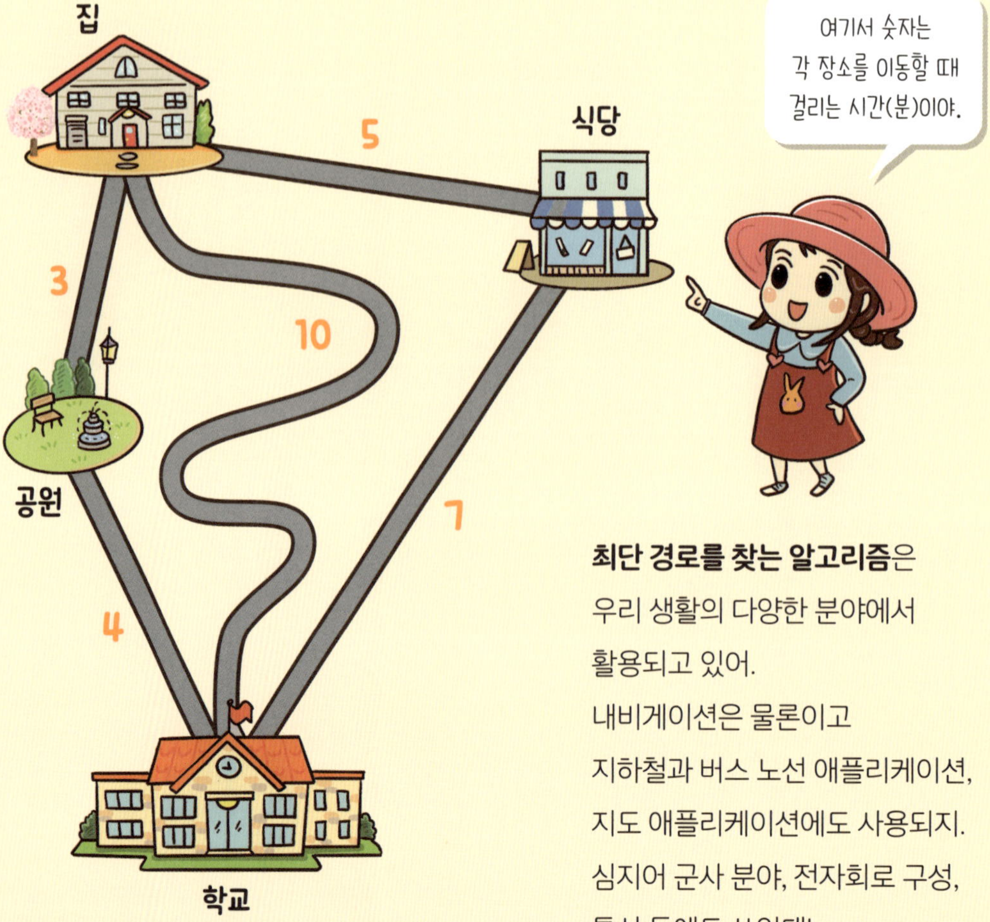

여기서 숫자는 각 장소를 이동할 때 걸리는 시간(분)이야.

최단 경로를 찾는 알고리즘은 우리 생활의 다양한 분야에서 활용되고 있어. 내비게이션은 물론이고 지하철과 버스 노선 애플리케이션, 지도 애플리케이션에도 사용되지. 심지어 군사 분야, 전자회로 구성, 통신 등에도 쓰인대!

집에서 학교까지 가는 길은 크게 세 개야.

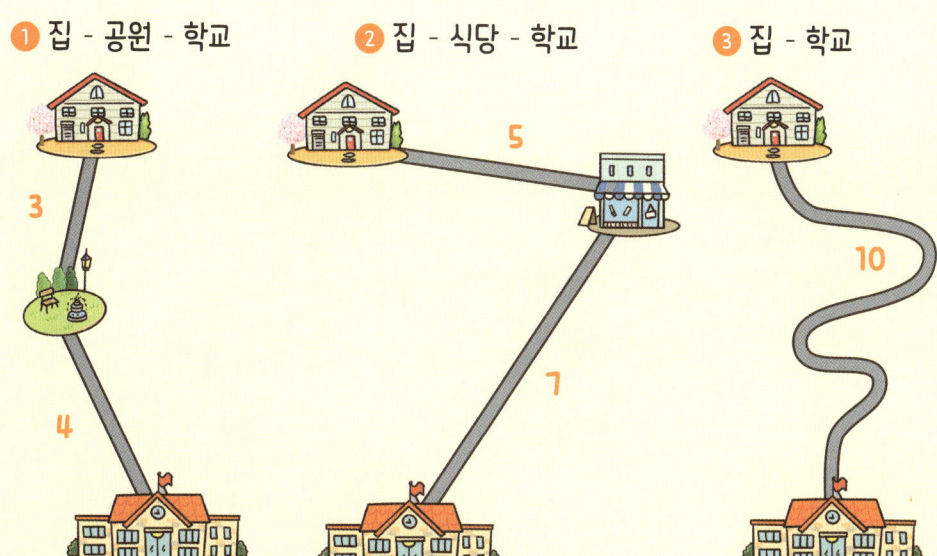

각각 걸리는 시간을 더해 보면 다음과 같아.

❶ 집 - 공원 - 학교 → 3 + 4 = 7

❷ 집 - 식당 - 학교 → 5 + 7 = 12

❸ 집 - 학교 → 10

물론 실제 생활에서 최단 경로를 찾는 것은 이 문제보다 훨씬 복잡해. 이때 우리는 답을 구하는 과정의 규칙을 찾아 알고리즘으로 만들 수 있어. 이 알고리즘을 컴퓨터에 학습시키면 이것이 곧 내비게이션이 되는 거지!

집에서 공원을 거쳐 학교로 가는 길이 7분으로 시간이 가장 적게 걸려.
즉, 이 길이 제일 빠른 길이야!

간단한 덧셈으로 쉽게 구할 수 있지?

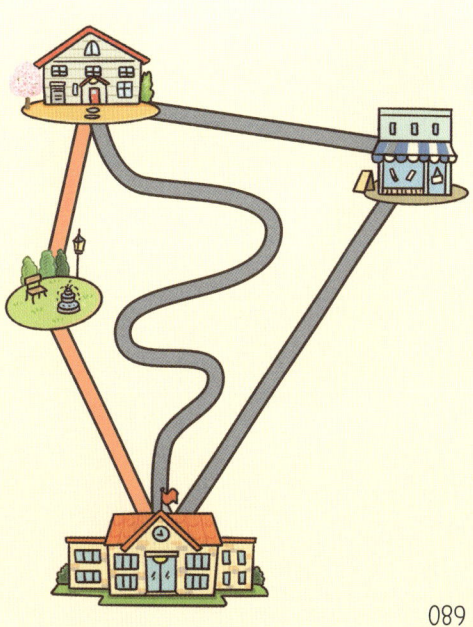

057 기계도 학습을 한다고?

머신 러닝(machine learning)은 말 그대로 번역하면 기계가 학습한다는 뜻이야. 진짜 의미는 컴퓨터(기계)가 데이터를 바탕으로 스스로 학습하는 것을 뜻해.

058 기계도 선생님께 배워야 해

기계가 학습할 때 가장 기본적이면서도 많이 쓰는 방법은 **지도 학습**이야. 여기서 지도는 길이나 장소를 찾기 위한 그림을 뜻하는 지도가 아니라, "선생님께 **지도받는다**."라고 할 때의 그 지도야. 너희들이 선생님께 배우는 것처럼, 기계도 사람에게 배우는 거지.

지도 학습

학습할 책(데이터)에 규칙과 정답을 모두 담아서 주면, 기계가 그걸 보면서 스스로 학습하는 방법이야.

예를 들어, 기계가 치킨과 피자를 학습하도록 가르칠 때는 치킨 사진을 주고
"이건 치킨이야." 또는 피자 사진을 주고 "이건 피자야."라고 가르쳐.
이 과정을 여러 번 반복하면 치킨과 피자를 분류할 수 있게 되지.

피자와 치킨의 데이터가 많아지면 기계는 학습하면서 **자신만의 규칙을 갖게 돼.** 그러면 데이터에 없는 치킨 또는 피자 사진을 봐도 치킨인지 피자인지 스스로 판정하여 결과를 퍼센트(%)로 나타낼 수 있어.

인공지능은 학습한 데이터를
바탕으로 규칙을 만들고,
그 규칙을 바탕으로 예측해.
이렇게 지도 학습을 통해 만들어진
정답을 찾는 규칙이나 패턴을
학습 모델이라고 해.

059 스스로 규칙을 찾는 기계

비지도 학습은 여러 데이터를 보면서 그 데이터의 특징을 기계가 **스스로** 파악하여 일정한 규칙을 찾도록 하는 방법이야.
비지도 학습의 대표적인 예가 바로 **무리 짓기**야.
비슷한 특성을 지닌 데이터끼리 무리를 짓는 방법이지.

아닐 비(非), 즉 정답 데이터를 제공하지 않고 인공지능이 스스로 학습하게 하는 방법이야.

지도 학습은 치킨과 피자로 가르는 것처럼, 분류하는 작업에 가장 적합해.

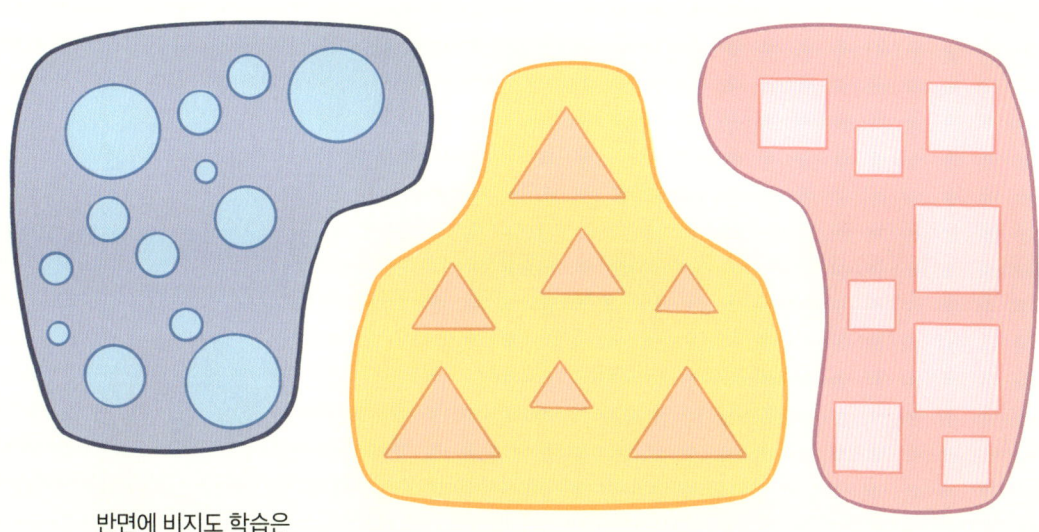

반면에 비지도 학습은 특징이나 규칙을 파악하여 분류할 때 활용돼.

분명한 정답 데이터가 없을 뿐, 많은 데이터를 학습하는 것은 지도 학습이나 비지도 학습이나 똑같아!

060 칭찬은 기계도 춤추게 한다?

세상에 칭찬을 싫어하는 사람은 아무도 없을 거야. 숙제를 열심히 했다고 부모님께 칭찬받으면 더 열심히 숙제하고 싶은 마음이 들지 않니?
인공지능도 마찬가지야. 칭찬, 즉 보상을 주는 **강화 학습**은 체스와 바둑처럼 경우의 수가 많고, 정해진 하나의 답이 없을 때 주로 활용되지!

강화 학습

인공지능의 판단에 따라 보상을 주면서 학습시키는 방법이야.

061 인공지능은 사람의 뇌를 닮았어

사람의 뇌는 신경계의 기본 단위인 뉴런으로 이루어져 있어.
뉴런은 약 1,000억 개 이상이고 뉴런끼리 연결해서 정보를 전달해.
이 원리를 컴퓨터에 적용해서 만든 것이 **인공신경망**이야.

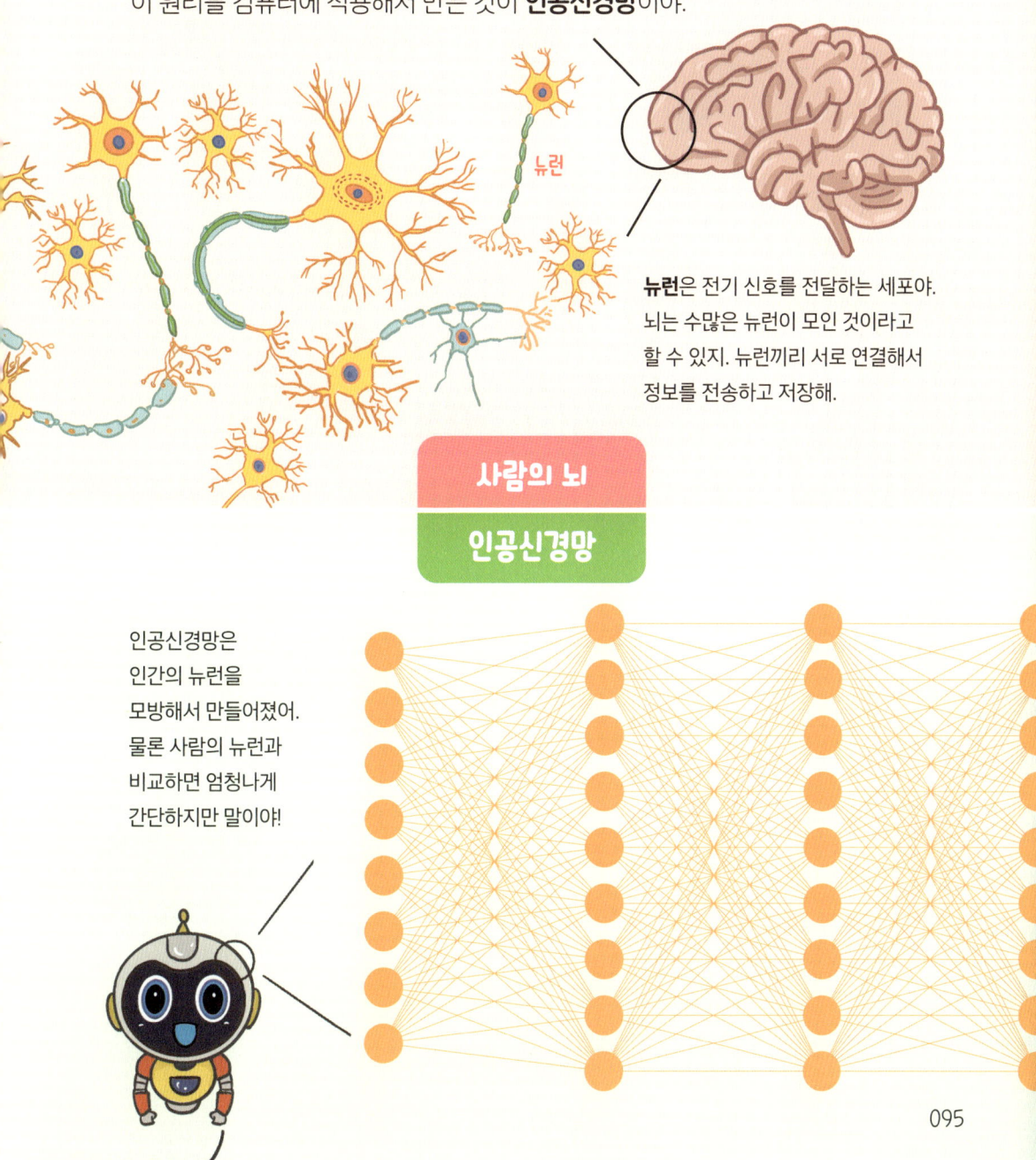

뉴런

뉴런은 전기 신호를 전달하는 세포야.
뇌는 수많은 뉴런이 모인 것이라고
할 수 있지. 뉴런끼리 서로 연결해서
정보를 전송하고 저장해.

사람의 뇌
인공신경망

인공신경망은
인간의 뉴런을
모방해서 만들어졌어.
물론 사람의 뉴런과
비교하면 엄청나게
간단하지만 말이야!

앞발을 모으고 앉은 귀여운 고양이가 보이니? 우리가 고양이를 볼 수 있는 것은 우리 눈이 '고양이 모습'이라는 정보를 받아들이고, 이 정보가 약 1,000억 개의 뉴런을 통해 뇌에 전달되기 때문이야.

이렇게 전달된 정보를 바탕으로 뇌에서는 '고양이'라고 판단하지.

인공신경망을 통과하는 정보는 이 과정에서 사람의 뇌처럼 복잡한 계산을 거쳐.

이 과정을 로봇에게도 적용한 것이 인공신경망이고, 이러한 인공신경망을 통해 배우는 방법이 **딥러닝**(deep learning)이야. 인공지능과 짝꿍처럼 따라다니는 말이지.

062 딥러닝의 힘

딥러닝은 사람이 생각하는 방식을 모방해서 학습해. 딥러닝의 발달로 다양한 분야에서 인공지능의 성능이 눈에 띄게 높아졌어. 우선, 사람의 머릿속에서 이루어지는 과정을 컴퓨터도 비슷하게 따라 할 수 있게 된 데는 딥러닝의 역할이 컸어.

나 따라 하는 거야?

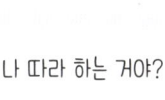

지금 몇 시지?

오랫동안 제자리에 머물러 있던 음성 인식 기술은 딥러닝 기술 덕분에 크게 발전했어. AI 스피커나 스마트폰의 AI 비서를 써 본 적이 있니? 여기에 활용되는 음성 인식 기술은 사람들이 사용하는 수많은 단어를 딥러닝하여, 사람의 언어를 알아들을 수 있게 된 결과야. 이러한 딥러닝을 통한 음성 인식 기술의 발달로 AI 콜센터나, 외국어 번역기 등도 덩달아 크게 발전했지.

3시 30분입니다.

where are you from?

어느 나라 사람입니까?

이미지 인식 기술도 딥러닝 기술 덕분에 한 단계 업그레이드되었어. 이 기술은 특히 자율 주행 자동차의 성능을 결정하는 결정적인 요인이야.

자율 주행에서 가장 중요한 것은 보행자, 도로, 표지판, 장애물을 정확하고 신속하게 인지하는 능력이야.

이 능력이 딥러닝을 통해 발전하면서 자율 주행 기술도 함께 발전했지. 오히려 사람보다 인식을 잘해서 사고를 내는 횟수도 줄었대!

이 외에도 영화 추천 서비스, 게임, 금융 등 우리 일상생활에서 접할 수 있는 대부분의 인공지능은 딥러닝 과정을 거쳤다고 할 수 있어. 딥러닝의 힘, 이제 느껴지니?

나는 딥러닝을 이용한 기술을 얼마나 사용하고 있을까?

063 인공지능 시대에 살아남으려면?

인공지능과 함께하는 시대가 생각보다 빠르게 다가오고 있어. 지식을 열심히 외우는 방법으로는 공부해서 인공지능을 이길 수도 없고, 혹시 이긴다고 해도 의미가 없어. 이는 마치 누가 빨리 계산하는지 컴퓨터와 대결하는 것과 같아.

인공지능은 너희들이 밥을 먹고, 친구들과 놀고, 잠자는 모든 순간에도 쉬지 않고 공부해.

열심히 외우며 공부하는 방법으로 인공지능을 이길 수 있을까?

> 창의력 그리고 문제를 해결하는 능력, 감성적인 능력, 도덕적인 판단력 등을 길러야 해!

끙, 뭐가 그렇게 많아?

심지어 인공지능은 배운 것을 분석해서, 너희보다 현명하게 결정하고 판단할걸?

이런 능력들은 인공지능이 쉽게 알지 못하는 것들이기 때문이야. 인공지능이 잘하는 일 그리고 우리가 잘하는 일을 제대로 알고 노력한다면, 미래에 인공지능과 함께하는 편리하고 스마트한 세상을 맞이할 수 있을 거야.

064 인공지능은 모르는 게 더 어려워

이 공룡의 이름은?

정답은 스피노사우루스야.
아마 공룡에 관심이 있다면 바로 대답할 것이고, 잘 모른다면 모른다는 대답이 1초 만에 나올 거야.

065 사람은 모르는 게 더 쉬워

2030년 국내 쌀 수확량이 얼마나 될 것 같아?

우리는 어떻게 인공지능처럼 머릿속의 많은 지식을 스캔하지 않고도 모른다고 쉽게 대답할까?

그걸 어떻게 맞혀!

믿기 힘들겠지만, 인공지능 입장에서는 '몰라요'가 '알아요'보다 어려워.

인공지능에 관해 말하다가 왜 갑자기 공룡에 대한 퀴즈를 내느냐고? 그 이유는 **모른다**는 대답을 우리 인간이 얼마나 잘하는지 알아보기 위해서야. 인공지능은 결과를 출력하려면 학습한 모든 데이터를 살펴봐야 해서 모른다는 답을 쉽게 할 수 없어. 인공지능은 학습 데이터 안에 정답이 있으면 금방 찾아내지만, 데이터 안에 없는 정보라면 모든 데이터를 살펴본 후에야 "정답을 알 수 없다."라고 출력하거든.

아는 게 너무 많은 걸 어떻게 해?

사람의 뇌는 그 어떤 인공지능보다도 훨씬 복잡하고 정교해.
또한, 엄청나게 많은 지식과 가능성을 지니고 있지.
그럼에도 **모른다**는 대답을 인공지능보다 빠르게
할 수 있는 것은 우리의 **생존**과 관련이 있어서야.
선사 시대부터 우리 인간은 생존을 위해
재빨리 판단해야 했어.
눈앞에 있는 동물을 사냥할지,
도망칠지를 아주 짧은 순간에 판단해야
살아남을 수 있었거든!

곰은 위험한 동물이야. 도망가자!

빠른 판단만이 살길이다!

066 나를 대체할 인공지능

앞으로 인공지능은 산업 분야, 의료 분야, 예술 분야를 넘어 더욱 다양한 분야에 활용될 거야. 지금 우리가 하고 있는 일 중 많은 일을 인공지능이 대신하게 될지도 몰라. 너희들이 꿈꿔 왔던 직업이 미래에는 어쩌면 사라질 수도 있다는 거지.

물론 모든 일을 인공지능이 대체하지는 않겠지만, 지금 우리가 살아가는 모습과는 많이 다를 거야.

067 사라지고 생겨나는 일자리

18세기 후반으로 거슬러 올라가 볼까? 산업 혁명으로 기계가 발달하면서 공장에서 일하는 수공업자들은 모두 일자리를 잃게 되었어. 왜냐고? 기계는 사람보다 정확하고, 휴식시간도 필요 없고, 월급을 주지 않아도 되기 때문이었지. 그 당시에 살던 사람들은 기술의 발달로 자신의 일자리가 사라지리라고 상상이나 했을까?

너희들이 맞이할 미래에는 더욱더 많은 변화가 있을 거야. 왜냐하면 이전의 기계나 컴퓨터는 물리적이고 단순한 작업을 대신 하는 데 그쳤지만, 인공지능은 훨씬 더 지능적이고 복잡한 일까지 해낼 수 있기 때문이야.

미래 사회가 어떻게 변할지 상상해 보면 너희들의 꿈을 정하는 데 큰 도움이 될 거야. 인공지능 시대에 어떤 직업들이 새로 생길지 상상해 봐!

미래 사회의 일자리들

로봇 엔지니어

노년 플래너

가상 레크리에이션 디자이너
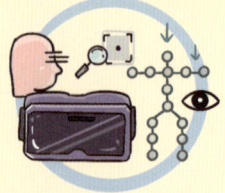

기후변화 전문가

요리사 농부

테크니컬 라이터

사용자 경험 디자이너

홀로그램 전기 기획가

스마트 교통 시스템 엔지니어

우주여행 가이드

첨단과학기술 윤리학자

아바타 개발자

[출처: 10년 후 대한민국 미래전략 보고서 - 미래 일자리의 길을 찾다, 한국과학기술기획평가원]

068 인공지능 시대에 살아남기

지금 내가 꾸고 있는 장래 희망이 미래에는 없어질 것 같다고?
하지만 아직은 너무 걱정하지 않아도 될 것 같아. 인공지능 기술의 발전으로
직업이 많이 사라지긴 하겠지만, 사람이 하던 일을 완전히 빼앗지는
못할 거야. 그렇다면 미래에 내 꿈을 이루려면
어떤 준비를 해야 할까?

아무리 기술이 발전해도
**인공지능이 인간의 창의성을
뛰어넘기는 힘들어!**

그리고 인간의 창의성과 전문성을
인공지능에 학습시킬 전문가들이
필요해질 거야.

❶ 새로운 요리법 개발!

❷ 새로운 요리법을 알고리즘으로 나열하기

1. 김치를 잘게 썬다.
2. 오일을 넣고 김치와 마늘, 피망을 볶는다.
3. 물을 300밀리리터 넣는다.
4. 준비한 면과 토마토를 넣고 가볍게 끓인다.

❸ 새 요리법을 로봇이 이해할 수 있는 언어로 바꾸기

❹ 요리하는 인공지능 로봇!

맛있게 드세요.

인공지능 시대에 살아남으려면 인공지능이 **넘볼 수 없는 창의성** 그리고 인공지능이 아직 모르는 전문성을 **알고리즘으로 표현할 수 있는 논리적인 사고력**이 필요해. 이러한 능력을 갖춘다면 인공지능과 함께 멋진 미래를 꿈꿀 수 있을 거야!

069 운전기사 없는 버스와 택시는 안전할까?

자율 주행 자동차가 활발하게 발전하고 있는 요즘, 미래에는 운전기사가 없는 버스 또는 택시를 탈 수 있을지도 몰라. 그런데 과연 자율 주행 버스와 자율 주행 택시가 교통신호를 잘 지킬까? **놀랍게도 이 모든 일은 이미 가능하대!**

자율 주행 자동차는 주변 차량을 감지하여 속도를 조절하고, 장애물을 감지하여 차선 변경까지 잘 해낸다고 해!

퓨쳐버스
독일의 자동차 기업인 벤츠가 개발한 자율 주행 버스야. 시범 주행까지 성공적으로 마쳤대!

죽스
미국의 IT 기업인 아마존이 개발한 자율 주행 택시야. 최고 시속 120킬로미터까지 낼 수 있어. 운전석이 없어서 양방향으로 다닐 수 있지.

올리
미국의 자율 주행 버스야.
운전은 기본이고 승객들과 대화하거나
주변에 있는 맛집까지 추천해 준대.

웨이모
세계 최초로 자율 주행에 성공한
택시야. 구글에서 개발했지.
택시 지붕에 설치된 라이더 센서
덕분에 안전하게 주행해.

070 다음 중 사람이 그린 그림은?

예술이라면 나도 자신 있다고!

정답은 **"없다!"** 야.
이 그림들은 모두 인공지능이 그렸어.
진짜 화가가 그린 그림의 패턴을
학습해서 새로운 그림을 창작한 거지.
구글이 만든 **딥드림**은 대표적인
인공지능 화가야.

딥드림이 네덜란드 화가 고흐의 풍으로 그린 작품

딥드림이 그린 작품은 미술 경매에서 모두 팔렸는데, 총 9만 7,000달러(우리나라 돈 약 1억 1,000만 원)에 달할 정도로 예술계의 뜨거운 관심을 받았대.

또 다른 인공지능 화가로 **딥포저**와 **넥스트 렘브란트**가 있어.

딥포저는 딥드림에서 한 단계 더 나아가서 그림의 질감까지도 학습한 인공지능 화가야. 딥포저에 사용자가 사진을 올리면, 피카소나 고흐같이 유명한 화가의 화풍으로 바꿔 주지.

넥스트 렘브란트는 네덜란드의 화가 렘브란트의 작품 346개를 학습해서, 어떤 그림이든 렘브란트의 화풍으로 그려 주는 인공지능 화가야. 3D 스캐너로 물감이 만들어 내는 울퉁불퉁한 질감까지도 재현했대. 정말 대단하지 않니?

인공지능은 그림뿐만 아니라 문학, 영화, 노래, 작곡 등 다양한 분야에서 활약하고 있어. 인공지능 작가가 쓴 시나리오가 영화나 소설로 만들어지기도 하고, 인공지능 작곡가가 모차르트의 풍으로 교향곡을 직접 작곡하기도 하지. 심지어 인공지능이 만든 음악으로 가수가 데뷔도 한대. 인공지능이 쓴 로맨스 소설은 어떤 느낌일까?

> 인공지능의 작품도 예술 작품일까?
> 인공지능이 만든 작품의 저작권은 누구한테 있을까?
> 인공지능의 작품과 사람의 작품을 동등하게 평가해야 할까?

071 누구를 살려야 할까?

트롤리 딜레마라는 말을 들어 봤니?
브레이크가 고장 난 트롤리 기차가 레일 위를 달리고 있어. 레일 위에는 인부 5명이 일을 하고 있는데, 트롤리가 이대로 달리면 5명은 크게 다치거나 생명을 잃는 상황이야. 5명의 생명을 살리기 위해 트롤리가 방향을 바꾸면, 다른 레일 위에 있는 인부 1명의 생명이 위험해져.
너희들은 어떤 선택을 할 거니?

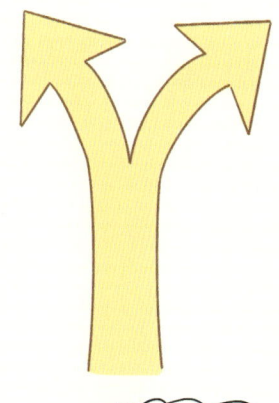

소수를 희생하여 다수를 구해야 하나?

소수의 생명도 중요한데….

이 문제는 영국의 윤리 철학자인 필리파 푸트가 처음으로 제기했어. 응답자의 89퍼센트가 "방향을 바꿔야 한다."라고 응답했대. 너희 생각은 어때?

072 고민하는 인공지능

인공지능의 중요한 능력 중 하나는 **판단**하는 능력이야. 인공지능은 사람보다 이성적이고 객관적으로 판단할 수 있기 때문에 중요한 결정을 할 때 인공지능의 도움을 받는 경우가 많지. 그런데 우리가 일상생활에서 크고 작은 일들을 하다 보면 객관적으로 간단히 판단하기 어려운 순간들도 많이 있어.

A
곧장 가면 10명의 보행자가 다치고, 방향을 돌리면 1명의 보행자가 다친다.

B
곧장 가면 1명의 보행자가 다치고, 방향을 돌리면 운전자가 다친다.

C
곧장 가면 10명의 보행자가 다치고, 방향을 돌리면 운전자가 다친다.

바로 **윤리적인 부분**을 고려해야 할 때야.
특히 사람의 생명이 달린 문제에서는 더더욱 쉽지 않지.

운전자 한 명이 희생하여,
보행자 여러 명을 살리는 게
윤리적으로 더 낫다고 생각하니?

이렇게 보행자 보호 모드로 달리는 인공지능 자율 주행 자동차가 있다고 하자.
너희들은 그 자동차를 탈 거니?

운전자 보호 모드(운전자 안전 우선)　　　보행자 보호 모드(보행자 안전 우선)

지금까지 살펴본 상황들은 자율 주행 자동차가 언제든 마주할 수 있는 상황이야. 그래서 자율 주행 인공지능을 개발할 때는 윤리적인 고민도 충분히 해야 해.
자율 주행 자동차가 점차 현실이 되고 있는 요즘, 미래의 자율 주행 인공지능이 과연 어떤 선택을 해야 할지 같이 생각해 보자!

직접 체험해 봐!

073 법을 공부한 인공지능

변호사나 판사가 되려면 엄청나게 많은 법률 지식을 공부해야 해.
만약 인공지능이 이러한 법률 지식을 학습한다면 어떻게 될까?
사람보다 정확하게 외우지 않을까?
인공지능 판사는 법률 지식을 정확하게 외울 뿐 아니라,
수많은 재판 결과 데이터를 분석할 수 있어.
또, 인공지능은 뇌물과 비리에서 자유롭기 때문에
사람보다 공정하게 재판할 수 있어.
현재 에스토니아, 싱가포르, 호주 등
세계 각지에서 인공지능 판사의
도움을 받고 있대.

진짜 저 로봇 판사를 믿어도 될까?

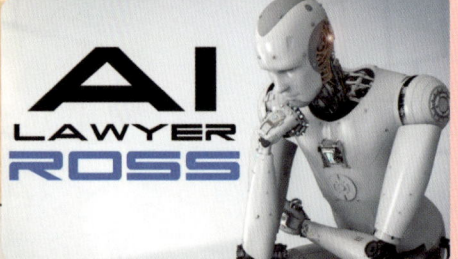

인공지능 변호사 로스(ROSS)는 미국 IBM 회사에서 제작한 슈퍼컴퓨터 왓슨을 기반으로 만들어졌어. 수많은 판례와 법률 지식을 학습해서 현재 뉴욕의 로펌에서 일하고 있대.

074 인공지능도 벌을 받을까?

인공지능과 사람이 함께 생활하는 세상에서는 인공지능 로봇과 관련된 사건 사고도 생길 수 있어.

사건 파일 #1

2015년 독일의 한 자동차 공장에서 일하던 22살의 젊은 근로자가 로봇 때문에 목숨을 잃는 사고가 벌어졌어. 이 근로자는 로봇을 설치하던 중 로봇이 금속판으로 밀어붙여 가슴 부분에 심각한 타박상을 입었고, 병원으로 옮겨졌지만 결국 목숨을 잃고 말았대.

같이 일해서 좋은 점도 있지만, 걱정이 되기도 해.

조사 결과 이 사고의 원인은 로봇의 결함이 아니라 근로자의 실수로 밝혀졌어. 로봇이 살인을 저지른 것은 아니지만, 공장에서 로봇과 함께 일하는 근로자가 위험해질 수 있다는 것을 알려 준 사건이야.

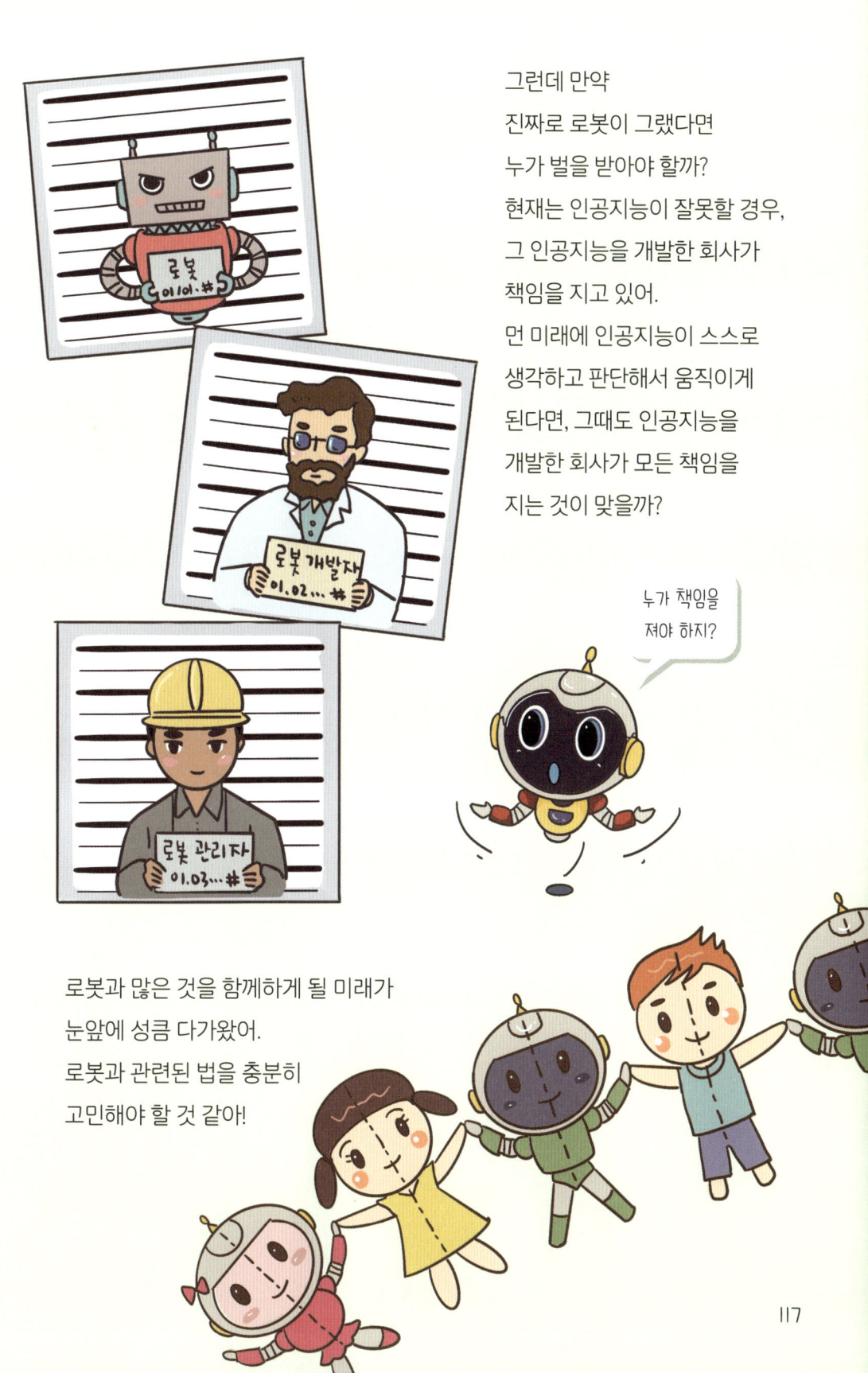

그런데 만약
진짜로 로봇이 그랬다면
누가 벌을 받아야 할까?
현재는 인공지능이 잘못할 경우,
그 인공지능을 개발한 회사가
책임을 지고 있어.
먼 미래에 인공지능이 스스로
생각하고 판단해서 움직이게
된다면, 그때도 인공지능을
개발한 회사가 모든 책임을
지는 것이 맞을까?

누가 책임을
져야 하지?

로봇과 많은 것을 함께하게 될 미래가
눈앞에 성큼 다가왔어.
로봇과 관련된 법을 충분히
고민해야 할 것 같아!

075 새로운 세계, 새로운 법

법은 사회 구성원들이 꼭 지켜야 하는 규칙이야.
사회의 질서를 지키는 법은 우리가 살고 있는 사회를 반영해야 해.
사람들이 자동차를 널리 타고 다니게 되자,
이전에 없던 「도로교통법」이라는 새로운 자동차 관련 법이 생겼어.
이와 마찬가지로 인공지능과 함께 살아갈
미래 사회에는 인공지능 로봇과 관련된
새로운 법이 필요해.

과학 기술의 발달로 사회가 바뀌면 그에 맞춰 새로운 법이 필요한 법이야!

세계 최초의 「도로교통법」이었던 「붉은 깃발법」

1. 최고 속도는 교외에서는 시속 6.4km, 시가지에서는 시속 3.2km로 제한한다.

2. 자동차 한 대에는 운전수 세 명(운전수, 기관원, 기수)이 필요하다.
   기수는 붉은 깃발(낮)이나 붉은 등(밤)을 들고 자동차의 55미터 앞에서 차를 선도해야 한다.

놀랍게도, 로봇 기술이 충분히 발달하기 전인 1942년에 이미 로봇이 지켜야 할 윤리를 정의한 사람이 있어. 바로 공상 과학 소설의 3대 대표 작가 중 한 명인 아이작 아시모프야.
그는 그의 단편소설에서
로봇 3원칙을 정의했어.

로봇 3원칙

첫 번째,
로봇은 인간에게 해를 가하거나, 위험에 처한 인간을 모른 척하지 않는다.

두 번째,
로봇은 첫 번째 원칙에 위배되지 않는 한, 인간이 내리는 명령에 따라야 한다.

세 번째,
로봇은 첫 번째와 두 번째 원칙에 위배되지 않는 한,
스스로를 보호해야 한다.

아이작 아시모프가 로봇 3원칙을 처음 언급한 책, 《런어라운드》

아이작 아시모프의 로봇 3원칙은 실제로 로봇을 개발하는 현장에서 지금도 활용되고 있어.

2017년 1월, 벨기에에서 열린 유럽연합(EU) 의회에서는
AI 로봇 결의안을 발표했어.
이 결의안에서는 인공지능 로봇의 지위를
전자 인간으로 인정했대. 이 말은
인공지능 로봇에게 사람처럼
책임, 권리, 의무를 부여한다는 뜻이야.
이 결의안에서는 만약 로봇이
인간에게 반항하는 상황을 대비해,
인간이 로봇을 파괴할 수 있는 방법을
마련해야 한다고 밝혔어.

나도 인간이래.
전자 인간.

076 내 꿈은 인공지능 전문가

지금까지 인공지능에 대해 많은 것을 배웠어. 혹시 인공지능과 관련된 꿈이 생기지는 않았니? 꼭 인공지능과 관련된 직업을 가지지 않아도, 우리 주변의 인공지능 제품과 기술을 활용하면 더 많은 꿈을 펼칠 수 있어! 인공지능과 관련된 직업 중 인공지능 전문가에 대해 알아볼까? 인공지능 전문가는 기계가 사람처럼 생각하고 의사결정을 내릴 수 있게 알고리즘을 개발하거나 프로그램으로 만드는 일을 해. 그리고 기존에 개발된 인공지능의 학습 능력을 높이는 일도 하지.

인공지능 전문가가 되려면 어떻게 해야 할까?
생각을 논리적으로 나타낼 수 있는 능력이 중요해. 그리고 프로그래밍을 잘하면 좋기 때문에, 컴퓨터 공학이나 데이터 과학, 수학에 관련된 지식이 필요하지. 사람이 생각하는 과정을 잘 알아야 하기 때문에 언어학, 인류학, 인지심리학 같은 분야에 관한 지식도 필요해.

나는 뭐가 되어 볼까?

나는 인공지능 전문가

바둑을 두는 알파고, 인공지능 의사 왓슨, 자율 주행 자동차는 모두 우리 인공지능 전문가들의 작품이야.

인지심리학은 사람이 생각하고 추론하는 과정과 관련된 내용을 연구하는 학문이야.

인공지능 전문가가 되려면 결국 사람에 대한 연구도 해야 하는구나.

또 다른 직업은 없나요?

로봇 공학 엔지니어
로봇을 설계하고 테스트하는 일을 해. 로봇이 정확하게 작업을 수행할 수 있도록 시스템을 개발하고 수없이 많은 테스트를 하지. 로봇 공학 엔지니어가 되려면 인내와 끈기는 필수야.

물건 옮기기 1만 번째 테스트 중.

데이터 사이언티스트
데이터를 관리하고 분석하는 일을 해. 인공지능을 만들 때는 데이터가 꼭 필요하기 때문에 중요한 직업 중 하나야.

121

부록 A 인공지능과 함께 놀아 볼까?

지금까지 어려운 인공지능을 공부하느라 수고했어.
이번에는 인공지능과 함께 즐겁게 놀 수 있는 공간들을 소개할게!

인공지능과 함께 놀 수 있는 곳!

1

내 낙서를 알아맞히는 인공지능?
퀵 드로우
quickdraw.withgoogle.com

수많은 낙서를 학습한 인공지능이 제한 시간 내에 그린 나의 그림을 알아맞힙니다.

2

내 그림에 생명을!
스쿠르블리
www.scroobly.com

내가 그린 그림으로, 카메라에 비친 내 모습에 따라 움직이는 나만의 캐릭터를 만들 수 있습니다.

3
세상에서 제일 쉬운 작곡!
두들 바흐
www.google.com/doodles/celebrating-johann-sebastian-bach

바흐의 곡들을 학습한 인공지능이 내가 작곡한 곡을 바흐의 곡처럼 멋지게 바꿔 줘요.

4
나도 오케스트라 지휘자!
세미 컨덕터
semiconductor.withgoogle.com

인공지능이 내 동작을 인식하여 오케스트라 지휘를 할 수 있게 도와줘요.

우리도 인공지능을 만들 수 있어!

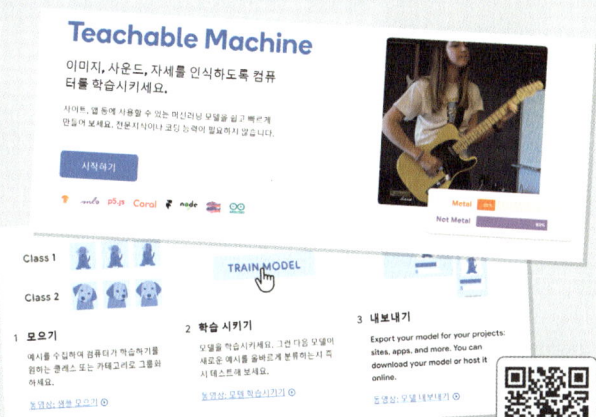

티처블 머신
teachablemachine.withgoogle.com

티처블 머신은 남녀노소 누구나 쉽고 간단하게 인공지능을 만들 수 있는 곳이야. 이미지, 동작, 소리를 인식하는 인공지능 모델을 만들 수 있어.

부록 B 인공지능은 이렇게 발전해 왔어

인공지능이라는 말을 쓴 건 그렇게 오래되지 않았어. 하지만 기계가 생각을 할 수도 있다는 의견은 예전부터 나왔지. 마지막으로 지난 70년 동안 인공지능이 어떻게 발전되어 왔는지 정리해 볼까?

1950년

인공지능의 개념을 처음 생각하다

컴퓨터 과학과 인공지능의 아버지로 불리는 천재 수학자 앨런 튜링은 1950년에 발표한 「컴퓨팅 기기와 지능」이라는 논문에서 기계가 사람처럼 생각할 수 있다고 처음으로 주장했어. 하지만 아직 인공지능이라는 말은 사용하지 않았어.

> 기계도 사람처럼 생각할 수 있을 것 같아!

앨런 튜링
(1912-1954년)

1956년

인공지능이라는 말을 처음 사용하다

존 매카시
(1927-2011년)

> '인공지능'이라고 부르면 어떨까?

미국 다트머스 대학교의 부교수였던 존 매카시는 계산기에 대해 연구하면서 여러 과학자들과 국제회의를 열곤 했어. 1956년 존 매카시가 개최한 다트머스 회의에 컴퓨터 과학, 수학, 정보학 등의 전문가 10명이 참석해서 계산기(컴퓨터)에 어떻게 생각을 넣을지에 대해 연구하고 의견을 나누었어. 이 자리에서 인공지능이라는 말을 공식적으로 처음 사용했대.

1956~1974년
지능에 관한 연구를 활발히 수행하다

다트머스 회의 이후
워런 맥컬록, 월터 피츠, 마빈 민츠키 등
많은 과학자들이 인공지능에 대해
연구하기 시작했어. 인공지능을 알기 위해서는
먼저 인간의 지능에 대해 알아야 했지.
그래서 사람의 생각을
수학적으로 표현하려고 노력했어.
많은 과학자들은 인공지능을
곧 만날 수 있을 것으로 생각했어.

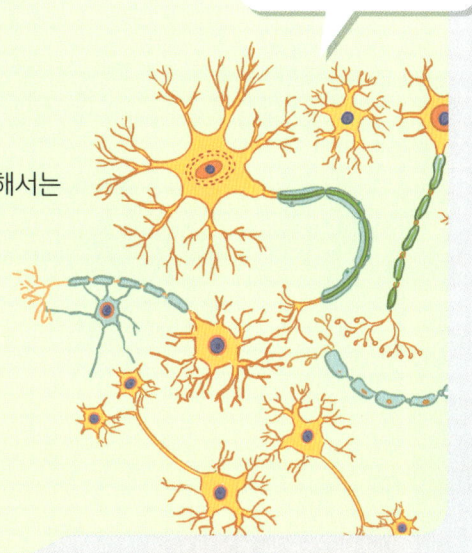

뇌의 신경 세포인
뉴런의 작용을
0과 1로 설명해 볼까?

1975~1980년대
인공지능 연구가 벽에 부딪히다

인공지능을 만들려면 엄청난 양의 데이터를 빠르게 처리할 수 있는
뛰어난 수준의 컴퓨터가 필요했는데, 1970년대에는 그만한 성능이 있는
컴퓨터가 없었어. 그래서 이 시기에 인공지능을 연구하던 많은 과학자들은
연구의 한계에 부딪혔어. 컴퓨터는 수학 문제를 풀거나 논리를 증명하는 건
잘했지만, 강아지와 고양이 구별하기 같은 것은 어려워했어.
인간에게는 너무나도 쉬운데, 컴퓨터로 구현하기에는
엄청나게 어려워서 인공지능을 연구하던 많은 과학자들이 좌절했지.
이것을 **모라벡의 역설**이라고도 해.
미국의 로봇 공학자인 한스 모라벡이 한
"어려운 일은 쉽고, 쉬운 일은 어렵다."라는
말에서 따왔어.

너희들에겐 쉽지만
나에겐 너무나도
어렵다고!

1990년대
인공지능 연구가 빛을 보기 시작하다

그럼에도 많은 과학자들은 인공지능에 대한 연구를 꾸준히 계속해 왔어. 그러다 1990년대 후반, 컴퓨터 성능의 발달과 인터넷의 발달로 데이터들이 엄청나게 증가하면서 컴퓨터가 학습하는 **기계 학습**이 가능하게 되었지. 그 이후로도 컴퓨터 성능의 폭발적인 향상과 꾸준한 인공지능 연구로 여기까지 오게 된 거야.

1997년
인공지능 **딥블루**는 세계 체스 챔피언이었던 게리 가스파로프를 이겼어.

2011년
미국의 퀴즈쇼인 제퍼디에서는 IBM의 인공지능 **왓슨**이 퀴즈 챔피언을 큰 점수 차이로 이겼어.

2015년
인공지능 **알파고**는 프로 바둑 기사인 우리나라의 이세돌 9단을 4승 1패로 이겼어.

2022년 이후
자율 주행 자동차, 인공지능 로봇 등 인공지능은 지금 이 순간에도 끊임없이 발전하고 있어!

미래에는 분명 우리가 함께할 일이 많을 거야.
누군가는 나를 멋지게 만들 거고,
누군가는 나를 똑똑하게 사용할 거고,
누군가는 나와 함께 일할 거야.
언제, 어디에서 나와 함께할지는 모르겠지만,
너희들의 미래가 행복하고 빛나길 바랄게!

찾아보기

숫자
4차 산업 혁명 032

A-Z
AR 035
IoT 014
VR 035

ㄱ
가상 현실 035
가상 화폐 044
강화 학습 094
개인 정보 054
검색 엔진 022
기계 014

ㄴ
네트워크 046

ㄷ
데이터 048
데이터 독재 060
데이터 마이닝 052
드론 034
디버깅 069
디지털 노마드 040
딥드림 109
딥러닝 096

ㄹ
라우터 047
라이다 030
레이더 030
로봇 3원칙 119

ㅁ
머신 러닝 090
메타버스 036
모스 부호 068

ㅂ
바이트 066
바코드 072
백신 074
보안 054
분류 079
블랙 해커 075
블루투스 039
비지도 학습 093
비트 066
빅데이터 052

ㅅ
사물인터넷 014
센서 026

ㅇ
알고리즘 076
양자 055
온도 센서 029
원격 라이프 038
웨어러블 기기 041
웹캠 038
음성 인식 센서 028
의사 결정 나무 085
이미지 센서 027
이진법 064
인공 012

인공신경망 095
인공지능 016
인공지능 개발자 016
인공지능 스피커 024

ㅈ
자연 010
자연어 처리 기술 025
자율 주행 자동차 107
전자 인간 119
증강 현실 035
지능 018
지도 학습 091

ㅊ
최단 경로 알고리즘 086
추천 서비스 022

ㅋ
컴퓨터 바이러스 073
코딩 076
코어 063
클라우드 049
클럭 063

ㅌ
트롤리 딜레마 111

ㅍ
픽셀 065

ㅎ
학습 모델 092
화이트 해커 075